U0686321

木
UnRead
–
思想家

如何~~不~~在
网上虚度人生

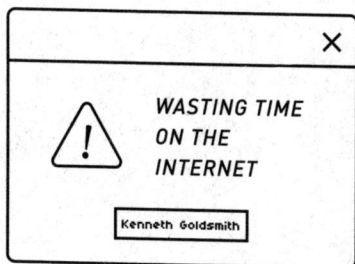

WASTING TIME
ON THE
INTERNET

!

Kenneth Goldsmith

〔美〕 **肯尼思·戈德史密斯**——— 著

刘畅———译

北京联合出版公司
Beijing United Publishing Co.,Ltd.

目 录

CONTENTS

序
言　　让我们一起"沉迷"网络吧
　　　>>> i

01　社交网络是逃不开的生活方式
　　　>>> 001

02　手机让我们变成电子僵尸
　　　>>> 023

03　浏览记录是我们新的回忆录
　　　>>>049

04　文件归档是新的民间艺术
　　　>>> 065

05　手机内存是我的私人储藏室
　　　>>> 089

06　我拍，故我在
　　　>>> 113

07　压缩格式是我们丢失的财产
　　　>>> 137

08　140 字是文学创作的新动力
　　　>>> 151

尾
声　　未来比我们想象的更美好
　　　>>>183

附
录　　在网上"浪费"时间的 101 种方法
　　　>>> 189

让我们一起"沉迷"网络吧

我在网上浪费着时间。我点开《纽约时报》的首页，看了看最新的头条新闻，发现今天美国与伊朗签署了一项重要的核问题协议。这个通栏标题简直就是在高喊着"载入史册"，所以尽管我并没有一直关注这件事，但我还是点了进去。这个链接把我带到一个嵌着视频的网页中，视频的主要内容是托马斯·弗里德曼请奥巴马解释一下他认为美国从与伊朗达成的核协议中获得了哪些益处。我看了一眼视频的时长，三分半钟，我觉得对于听总统发言来说，这并不算长。他讲着，我听着。他继续讲着，我刷着我的Twitter，但仍然在听着。然后我又点回到《纽约时报》的窗口，接着往下看。当视频播放到三分钟左右的时候，我开始思考：我真的是在网上浪费时间吗？这些我无意中瞥见的，可都是很重要的东西。我实在不明白这有什么好丢人的。这段视频结束后，总统的发言给我留下了很深刻的印象，于是我开始阅读底下那篇弗里德曼针对这一问题写的长文章。我仔仔细细地读了开头的几段，然后快速滑过一些段落，接着又读了一些。我慢慢觉得，这篇文章对我来说太细致了，但我的好奇心已经被激发了起来，虽然我并不打算把这篇文章读完，但我会对这件事在接下来几天中的进展保持关注。我根本是误打误撞地看见了这个话题，然后就被它吊起了胃口。我对这件事的参与程度很高吗？如今看来并不高。但是鉴于以往这类情况的发展趋势，我的兴趣一旦被某个话题提起来，我对它的求知欲就会一发不可收拾。我无法理解这样一个每天都会多次发生的过程有什么不好的。正是因为有了这样一种过程，我才了解到了更多的信息，更愿意参与其中，甚或还变得聪明了一点儿。

当我浏览完这篇文章以后，又点开了 Facebook，不一会儿，我就看起了滚石乐队的基思·理查兹讲述他如何获得歌曲创作灵感的视频。他说，当他在饭店听见旁边桌子传来的对话时，会直接把听到的都写下来。"给我一张餐巾纸和一支笔，"他笑着说，"一个词组就可能变成一首歌。"这个视频只有短短一分钟，但它里面充满了智慧。真的吗？他的创作过程真的这么简单、这么纯粹吗？听完基思的话，我受到了启发。毕竟，我觉得自己也花了无数的时间在偷听 Facebook 上的对话。那我能根据它们写出一首歌或一首诗吗？

我又回到 Facebook 上，不知不觉中，我又在看一张很棒的黑白照片，它拍摄于 1917 年，上面是一艘正在纽约联合广场建造的原尺寸战舰。这张照片很大，而且细节丰富。我点击了这张照片，被带进了另一个网站。我往下翻着，看见一段短小的解释文字，叙述了事情的前后经过，下面还有造船过程中拍摄的更多清晰大图。这实在是太让人着迷了。我最近刚写完一本关于纽约城的书，我很吃惊自己竟然把这艘战舰漏掉了，但是我还是很高兴自己此刻知道了它的存在。我把这个网页标记为书签页，然后继续看别的。

在网上浪费时间是指什么呢？很难说。我没想到竟然无法简单对它下定义。当我漫无目的地在网上点击时，是不是因为没有把这段时间花在工作上而浪费掉了呢？可我已经对着这个屏幕工作了好几个小时，而且说实话，我确实需要休息一下，不去想工作的事情，开一会儿小差。但是，与我们对"在网上浪费时间"的一般认识不同的是，我并没有去看小猫的视频。好吧，也许我看了几段，但我真的对自己偶然点开的话题很感兴趣：总统、摇滚明星以及那艘军舰。当然，我可以不点开它们，但是我最终点开看，是因为我真的感兴趣。我没点开看的东西同样也有很多。

如果你听信了网络专家的话，会觉得我们花整整三个小时看的都是"标题党"文章，也就是那些靠哗众取宠的标题哄你点进去的网页，这与我们在周六早上一坐下来就连看三个小时卡通片其实如出一辙。但事实上，大多数人上网时并不会在同一件事情上花三个小时。相反，我们在这段时间里会干很多事情，其中一些无关紧要，另一些则意义重大。我们坐在电脑前花的时间，是一段混杂的时间，它反映的是我们的渴望，这与两眼呆滞地坐在电视机前被灌输一些我们其实并不感兴趣的东西恰恰相反。因为电视给我们的选择少之又少。自然而然地，我们就成了"沙发土豆"，而且我们许多人都切实地感到自己在浪费时间，就像我们的父母所斥骂的那样，就要"烂"在电视机前了。

这几天，我在网上读到的一些文章说"现代人不再阅读了"，颇具讽刺意味。当人们听说我在写诗的时候，往往会坦白他们现在什么都不读了。前几天，我在一家银行开户，那位银行职员听说了我现在干的事情后，叹了一口气，承认他最近确实读得比以前少了。我问他有没有 Facebook 账号，他说有。我又问他有没有 Twitter 账号，他说也有。我问他是否收发电子邮件，他说是的，每天都会收发很多封。我告诉他，那事实上他每天都在阅读和写作大量的内容。我们读的和写的东西，比过去 30 多年里还要多，只是读写的方式与过去不同了——我们是在略读、剖析、一扫而过、标记、转发、群发着语言，这些方式现在还未被认可为文学，但是随着一大批作者开始使用来自网络的原材料构建起他们的作品，这种新的读写内容成为文学的一部分是迟早的事。

我经常读到一种说法：在电子屏幕时代，我们已经失去了全神贯注的能力，变得很容易分心，无法聚精会神。但是环顾四周，我看见的却是人们的眼睛一刻也离不开他们的电子设备，我从来没见过比这更集中精力、聚精会神、全情投入的状态了。我发现，那些说我们注意力不再集中的人，往往也是最担心电子设备成瘾的人，这实在是很讽刺。同样讽刺的是，我发现我读到的大多数关于人们沉迷上网的文章，本身就来自网络，它们零散地分布在各种网站、博客、Twitter 和 Facebook 主页上。

在此类博客里，我读到了互联网如何让我们变得不善交际，以及我们如何失去了与人交流的能力。但是每当我看见人们使用电子设备时，都会发现他们在互相沟通：发信息、聊语音、在线聊天。所以我难免感到困惑，这怎么就成了"不善交际"了？一段被割裂成许多短句和表情包的对话，仍属于同一段对话。看看那些正在你来我往、热火朝天地用短信聊天的人，他们脸上充满了普通人类的情绪表达——期待、大笑、感动。批评者声称，仅仅是拥有电子产品这一行为本身，就阻碍了我们的交流，而治疗技术成瘾的最佳解药，则是回归最传统的、面对面的谈话方式。这些人说："我们需要重新发挥交谈的作用。对于数字时代冷漠的人际关系来说，这就是所谓的'倾诉疗法'。"但是这种看法似乎忽略了一点，那就是智能手机在本质上依然是一种电话，它们都是能够实现人与人之间双向沟通的工具，且这种对话充满了情绪丰富的语音韵律与温存。难道在电话发明 140 余年之后的今天，人们在电话里的对话依然被看作一种缺乏"亲密感"的交流吗？并且由于以技术为媒介而被轻视吗？

抛开这些，生活中依然有很多聚精会神、全身心投入、面对面的交流与倾听。比如，在我参加的许多大型会议、讲座和读书会上，很多观众会仔细倾听演讲者说的每一个字。再比如，我和我的心理医生之间的谈话，就是一场仅存在于两人之间的交流。尽管过去的几十年里发生了多次技术革命，但是人们对话的基调与强度从未发生改变。当一个学生在我的办公时间来找我时，即便他一如既往地依赖手机，但还是能在没有任何电子设备的情况下与我进行深入的交谈。就算是我那沉迷社交媒体的 17 岁的儿子，也会在每晚睡觉前提出和我在他黑洞洞的房间里"再聊几句"，这个习惯从他儿时起一直保持到现在。无论我们多喜欢手机上的小应用，彼此都不愿放弃这项例行活动。尽管还有许多可怕的预言，声称"人们正在丧失对话能力"，但在我目光所及之处，无论是大街上、餐厅和咖啡馆里还是课堂上，抑或是排队入场看电影时，人们似乎都没有忘记如何交谈。

　　如果说电子设备对我们有什么改变，那就是它们增强了我们的社交能力。有时候我们会面对面交流，有时候则是通过电子设备，但是大多数时候我们将两者进行了结合。在一个酒店大堂里，我看见了两位二十出头、衣着时尚的姑娘，并排坐在一张现代主义风格的沙发上。她们俩面朝同一个方向，肩并着肩、伸直了腿，把脚搁在面前的桌子上。她们都捧着自己的手机，沉浸在各自的世界当中。时不时地，她们会把手机拿到中间，与对方分享屏幕上的内容，然后重新回到各自的领地。当她们在键盘上输入的时候，两人之间也会断断续续地说话，随之而来的是大笑、点头以及指指点点的动作。接着，突然之间，她们把手机放进自己的挎包里，直起身子，面向彼此，开始了一段全情投入的面对面谈话。此时，她们变得充满活力，手舞足蹈，你能够感觉到，那一个个单词都被她们的身体吸收了进去，而这些正是她们表达观点的媒介。这一切太迷人了，几分钟之前她们还在各干各的，现在却完全互动了起来。这种互动又持续了一段时间，然后，仿佛约好的一般，两人又将手伸进包里，拿出手机，恢复到之前的姿势，再一次肩并肩、伸直腿。她们现在已经不再是彼此对话了，而是与某个不在场的人交流着。电子设备也许改变了我们，但若是说它们剥夺了我们的人性，那就大错特错了。

人们都说，互联网让我们变得肤浅了。我们只是在浏览，而非阅读。我们已经丧失了沉浸在某件事情当中的能力。这种说法既对也不对。我们会浏览和略读一些特定的内容，但对于另一些内容则会仔细精读。我们常常会把一些深度报道保存起来，等到离线的时候再拿出来读，也许是在下班乘班车回家的路上。那种批评的观点是假定我们所有人使用电子设备的方式都一模一样。但当我在地铁上从那些看电子设备入了迷的人背后看过去，发现很多人都在用手机读书、看报，虽然也有很多人在玩《糖果粉碎传奇》。有时，一个人会先看几眼报纸，再玩游戏。我最近看到过许多博客文章，都不遗余力地用照片记录人们在地铁上阅读纸质书的样子。其中一个摄影师用充满怀旧的语气表示，他想要捕捉一个渐行渐远的时刻，因为此时此刻"书正在消失，取而代之的是毫无生气的 iPad 和 Kindle 电子书"。但这个结论下得太草率了，只看到了问题的表面，简直像是单凭一本书的封面就判断它好不好一样。谁知道那些人正在读什么呢。当我们看到一个人在用电子设备读书时，总会想当然地认为他读的是垃圾读物。有时确实是这样，但有时并非如此。昨天晚上当我走进客厅，我的妻子正对着她的 iPad 目不转睛，读着一本电子书：《弗雷德里克·道格拉斯：一个美国奴隶的生平叙事》。几个小时以后，我都要上床睡觉了，她还保持着同样的姿势一动不动，牢牢地被她 21 世纪的电子设备里那本 171 年前的传记所吸引着。当我跟她说晚安的时候，她甚至连眼皮儿都没抬一下。

而且，尽管那些评论三番五次地告诫我们，人类大脑的运作方式已经改变了，但我不确定这是不是完全没有好处。每一种新的媒介，都会促使人们改变思考方式。如果在这场数字革命中，我们还像以前读书、看电视时那样使用大脑，那将多么奇怪呀！人们对互联网的抵触其实并不令人意外：自从有了媒介，"文化反动派"就一直呼吁要维持当下的状况。马歇尔·麦克卢汉[1]说道：

1　马歇尔·麦克卢汉（Marshall McLuhan，1911—1980），20 世纪原创媒介理论家。——译者注

"靠已有的知识和常规的智慧得到的利益，总是被新媒介超越和吞没……凡是习惯了传统媒介的人——无论他们习惯的是哪些媒介，都会把新型的媒介纳入'伪'媒介的范畴，研究媒介的学者很快就对此见惯不惊、料想得到了。[1]"

有人告诉我，孩子们陷入了巨大的危险：过度沉迷于电脑会导致我们的下一代混淆现实世界与假象。但在现实生活中，我自己都不确定是否分得清"真实"和"虚假"。我在 Facebook 上的生活，怎么就比我的现实生活更"不真实"呢？事实上，很多发生在现实生活中的事，都来源于 Facebook 动态——工作机会、聚餐邀请，甚至是吃饭时讨论的话题，也都常常来自我在 Facebook 上看到的内容。况且，不少与我共进晚餐的朋友，很可能正是通过社交网络结识的。

我读到的文章说，一直对着电脑屏幕，会让孩子们变得不善交际、沉默寡言，但是我的两个孩子坐在屏幕前时，他们总使我想起那两个坐在沙发上"时进时出"的姑娘，她们熟练地在现实和网络空间之间来去自如。而当他们，比方说，玩游戏的时候，也能相处得十分美妙，各自沉浸在屏幕上发生的一切中的同时，保持着相互之间的高度敏感，不会忽略对方的任何一个肢体动作和表情。电子游戏在他们全身激起阵阵涟漪：他们的脚往空中踹，

1　此处采用《理解媒介》（译林出版社，2011 年 7 月第一版）中何道宽的译文。——译者注

因为喜悦而跳起来，或者因生气而尖叫。我很难理解，这到底为什么会被看作是彼此失去了联系。当他们从屏幕中回到现实，才更麻烦：抢食物，为抢占车里的座位而吵架。而且，老实讲，过一段时间后他们就会厌倦屏幕，要是整个周日上午都沉迷在电子屏幕中的话，他们肯定会求我带他们去公园扔橄榄球或骑自行车。

周五的晚上，我十几岁的儿子邀请了一帮伙伴来家里玩，有男孩儿也有女孩儿。他们懒洋洋地躺在沙发上，大致上分成男女两堆，都聚精会神地看着他们的手机。电视机旁边，几个孩子正在玩电子游戏，此起彼伏的叫喊声成为整个夜晚的背景音乐。而在沙发上的孩子们，在情感上和生理位置上都彼此更加紧密，用身体组成了一个人体链条，肩并着肩依偎着。一些女孩儿靠在另一些女孩儿身上，把对方当成了枕头。男孩儿们也会有肢体接触，但是方式不同：时不时地伸出手碰一下拳头，或者在空中击个掌。有一对小情侣，缩成一团坐在沙发中央，互相依偎着，两个身体也互相支撑着。

在这群孩子中洋溢着一种振奋人心的青少年的活力。他们虽然身处于集体活动中，但是却各自保持着独立的状态。在很长一段时间里他们都很安静，唯一从人群中偶尔发出的声响，来自他们的电子设备——乒乓乓乓、叮叮咚咚，还有 YouTube 上的音乐。人群里不断地发出爆笑，刚开始是一个人笑，很快就如同野火燎原般传遍了整个小集体。当他们把自己的电子设备拿给别人看时，我听到他们说："你看过这个吗？"然后是尖叫，"哦，天哪！"笑声再一次传开，很快又止住了。然后，他们重新投入到专注的沉默中去。忽然，沙发上的一个孩子笑骂道："你这个白痴！怎么给我发这种东西。"就在这时我意识到，当他们在网上给别人发短信、更新动态的同时，这种在电子设备上进行的交流其实有很大一部分就发生在这些同坐在一张沙发上的孩子之间。

他们一张接一张地自拍或者互拍。有些孩子在拍摄视频，指挥他们的朋友在镜头前做鬼脸，说些出格的话或招手示意。然后，一切又回到电子产品中，他们把照片上传到社交媒体上与周围的人分享，一大堆网址链接涌现出来——而这一切都发生在一分钟以内。女孩们突然尖叫道："我看起来可真丑！""你照得真漂亮！""这张咱们得重新照。"我听见有人说："那一段太搞笑了！咱们再看一遍吧。"他们凑在一起，数着收到的"赞"和"喜欢"，读着房间里的人和别处的人发来的即时评论。这种场景持续了好几个小时。从某种意义上而言，这既是沟通，也是一种创造力的体现。他们在给每一张照片加上滤镜并发布到网上的时候，脑海里都预设出公众的反应。他们对自己的照片和创意都很兴奋。这难道不对吗？自出生之前，我孩子们的生活中就已经充斥着他们自己的影像，从最初那些模模糊糊的子宫 B 超图像，到现在他们钉在房间墙上的照片。从那时起，相机就不断出现在他们的生活中，从一开始那种笨重的数码相机，到现在的智能手机，我们的镜头记录着他们的一举一动。我们从不会只拿着一张他们的照片来看，而是一张接着一张地滑过去，如果内存卡满了就转存到电脑里，一张都不必删掉。如今，当我打开我的手机相册，给孩子们看他们的婴儿照时，整个相册看起来就像安迪·沃霍尔的作品，因为我们是以秒为单位来记录他们的生活，以至于差别甚微的照片会反复出现。很显然，这种情况是我们自己造成的。

在这个领域可没有什么前车之鉴。他们一边前进，一边建立秩序。但无论如何，这一晚发生的事情都不可能是反社会或是不善交流的表现。他们"脑洞"大开，疯狂投入到自己正在做的事情当中。他们彼此紧密地联系在一起，进行着高强度的互动，只不过对我来说这种方式很陌生。我努力地想要弄清楚这种行为到底有什么不好。我看到的文章说，痴迷于屏幕已经对孩子造成了严重的影响。但是在孩子的世界里，与其说这是一种痴迷，倒不如说是一种必要行为。在孩子们的生活中，许多重要的事情都是通过电子设备接收的。从网上作业到研究报告的提示，再到足球训练的时间，孩子们通过电子设备接收到各种信息（而且，我刚才说过，我的孩子们既热爱电子屏幕也热爱橄榄）。

在读完一篇歇斯底里地叫嚣着"电子设备毁了你们的孩子"的文章后，我的嫂子决定采取一些行动。她强行立下规矩：吃完晚饭后，孩子们要把自己的电子设备（电脑、智能手机以及平板电脑）"上交"给她。整个晚上，他们可以"看一看"自己的电子设备，但是必须给出一个正当需求的理由，而且这个理由必须是"为了学习"。如果孩子们拿不出任何正当的理由，那他们的电子设备就会一直被我嫂子保管着，直到第二天，孩子们放学后，会有一段专门的"电子设备时间"。在这段时间里，他们才能看两眼自己的电子设备，但也是在母亲的监督下。我嫂子在星期五的晚上没收了我侄子的手机，然后在星期六早上问他："你和朋友们周末有什么安排吗？""我不知道，"我侄子说，"你把我的手机收走了。"

有一次，我有一个朋友和她的家人去度假。他们在户外活动了一整天，参观大峡谷、徒步登山，最后在一家酒店里住下来。她12岁的女儿，一个很喜欢在视频网站上分享手工技巧的哥特[1]少女，她跟着这些视频学会了如何在印着骷髅头的黑色 T 恤衫上镶嵌水钻、如何把紧身裤撕出完美的朋克风格，以及如何自制香水。那天晚上，这个小姑娘精心挑选了一些她最喜欢的视频与妈妈分享。在看了几个视频之后，她母亲开始不耐烦起来："这些视频挺好的，但是我不想把整个晚上都花在点来点去看视频上。"女儿

1　哥特亚文化是一种具有黑暗色彩的非主流文化，时常体现在音乐与穿衣风格等方面。——译者注

愤愤不平地说，她并不是在"点来点去"，而是在与许多和她有着共同爱好的同龄人交流。她母亲只好反思了自己这一想法的前提：女儿只是在网上浪费时间。恰恰相反，女孩儿全身心地投入其中，培养出了一种自己的审美，发挥着丰富的想象力，沉浸在这个创意十足的小爱好当中，还与朋友一起共度了时光，而这一切都发生在一间远在大峡谷边上的酒店房间里。

当我们描述或讨论花在网上的时间时，总是会将这种十分微妙且充满复杂性与矛盾性的经历过分简单化。在我们谈论科技手段的背后，是我们对它的"一刀切"式的看法。2016 年的美国总统大选期间，《纽约时报》仔细解读了唐纳德·特朗普发表的宣誓证词，旨在展示特朗普在聚光灯以外的言论。在一系列有关特朗普如何使用科技的问题中，他被要求回答对电视的看法。他说："我没有时间听电视。""听电视"这个词给我留下了深刻的印象。你绝不会"听"电视，而是看电视，你只会听收音机。我们完全可以想象，生于 1946 年的特朗普，早年一直在听收音机。我的父亲和特朗普年纪差不多，他也说过类似的话。在我们的成长过程中，他曾经因为看电视而责备我们，说看电视不需要任何想象力。他会用一种过分怀旧的语气说："我小时候听广播，得自己在脑子里想象各种事物，而你们，什么都有现成的了。"虽然我的父亲也看电视，但我认为他并不真的理解电视这种东西，可以想象，特朗普也是如此。毫无疑问，特朗普说的话体现出了一种对媒介的最根本的误解。

马歇尔·麦克卢汉认为，任何一种媒介的内容都是另一种媒介："讲话是写作的内容，正如写作是印刷的内容，而印刷又是电报的内容。"针对这一理论而言，特朗普的言论就是一个教科书般的案例。对于特朗普来说，电视的内容就是广播。人们往往会捡起自己对从前媒介的认知，将它们投向一个新的媒介。每当听到人们抱怨我们将时间都浪费在网上时，我就会想起特朗普说的话。对这些人来说，电视就等于互联网。但他们似乎忽视了一点，那就是网络并非一个不可分割的整体。相反，它同时具备了多元、多样、碎片化、矛盾、高端以及"接地气"等等多种特点，而这是电视所无法做到的。

一个周日的早晨，我下楼去取《纽约时报》，在旅游版上有一篇题为《去瑞典小岛上隐居》的文章。这篇文章讲述了一个女人去一座偏远的小岛上戒除一切电子产品的故事。她希望能够以此提醒自己，她本人并不是"发布的帖子、推文和用苹果手机加上滤镜效果拍摄出来的照片的简单总和"。她住进了一间"隐士小屋"（一间与世隔绝的小屋，没有电和自来水）里，并将手机交给丈夫用密码箱保管起来。在小屋里安顿下来后，失去了科技的她，聆听着海浪拍打在附近的海滩上，忽然发现自己与大自然产生了某种联系。她还发现了阅读的乐趣，变成了一个更加关注自己内心世界的人，她说道："现在，当我脱离了那种网络空间中徘徊着的、看不见的粉丝和好友强加于我（或者说是自己想象出来）的压力时，我发现自己无论是在网上还是生活中，都在追求一个更真实、更平衡的自我存在。"

她会在岛上散步很久，但是她所有关于自然的体验都被蒙上了一层科技的滤镜。当她听到大自然的声音时，她会陷入沉思："没有 Spotify 的歌单让我陶醉其中了……我在想，在被电子产品分了神的时候，我还错过了什么？"当她看到一些非比寻常的东西，比如高耸入云的风力涡轮机，它们"漂亮的叶片在头顶上方飞快地转动着，发出'呼呼'的声音"时，她会为自己感到高兴，因为她抑制住了想要用社交网络记录并分享这一场景的冲动。但她似乎很轻易地将一个事实抛在了脑后：这些风力涡轮机的设计和运转都是在数字界面上完成的。带着一份怀旧的心情，她认为那些诞生于数字时代之前的早期科技很迷人。所以当她看见一辆"像只臭虫"一样四轮朝天的报废汽车时，终于忍不住了："我取出我的相机拍了一张照片，我知道，这张照片永远不会获得任何一个别人的'赞'，但这样并没什么不好。"她在这些地方逗留时，使用了一些技术性的比喻来形容大自然，并赋予其机械的意味："一路上，我听到的所有啾啾声[1]都来自鸟儿。"待在岛上的最后一晚，她在凝望夜空中的繁星时，顿悟到了一个包罗万象的道理："那些令人心醉神迷的天国世界，往往就隐藏在我们头顶上空显而易见的地方，只是我们需要'断电'得足够久，才能注意到它们。"与这个想法一并而来的，是一场她为了惩罚自己往日的过错而进行的自我鞭挞。

即便是在周日清晨如此轻松欢快的气氛下，她的语言也夹杂着太多与科技相关、过于泛滥的盲目的罪恶感。无论如何努力，她都还是被科技牵绊到不通过它就无法感受大自然的地步。可能她的确把电子设备都留在了家里，但她还是在透过它们看世界。她的大脑已经真真切切地被重新改造过，就算是为了戒除网瘾，把全世界所有的自然风光都在一个周末里看尽，也无法改变这一点。这次旅行实现了什么？什么都没有。远离电子设备后，她只做了一件事，就是着了魔般地想念它们。这次旅行结束后，我很难想象她会有什么大的改变，无法想象她会秉承这次冒险的精神，在烛光里将她的这篇文章用2号铅笔写在横格本上，然后坐在一台雷明顿打字机前将终稿逐字敲入，再用信鸽送出去。这并没有发生。正相反，就在她那篇文章被登出的早上，她便在 Twitter 上转发了

1　鸟类"啾啾"叫声对应英语中的拟声词是"tweet"，与用户在 Twitter 上发布的消息"推文"（tweet）是同一个单词。Twitter 名称也是源于该网站上的内容具有鸟鸣般的短、频、快的特征。——译者注

这篇文章的链接，并写道："@ingridkwilliams 去一个风景醉人的瑞典小岛上隐居。"

这类文章都忽略了一个重要的事实：早在人们开始描述这一现象之前，科技就已经与大自然交织在一起了。法国的风景画家，例如克洛德·洛兰（1600—1682），就经常画一些被称作"理想风景画"的油画，将自然风光渲染出一种从未出现过的完美状态。于是，你会看到古典建筑的废墟在繁茂、稠密的丛林中若隐若现，可事实上，希腊那种多岩石的土壤中压根儿长不出这样的热带植被。这些画家声称，建筑是一种科技，要么体现了人类对自然的破坏，要么体现了自然被人类征服。就算身处亨利·戴维·梭罗那间位于瓦尔登湖畔的小屋里，你也无法逃离这间"隐士小屋"一公里外的东海岸铁路上传来的火车轰鸣声。

这份报纸上的另一篇文章（这次是在商务版）也传达了同样的观点。这篇文章题为《放下手机》，重点关注了一些能够监控和限制你花在社交网站上的时间的软件。作者在文章里谈到了包括可穿戴设备（只要摇一摇胳膊就可以让手机静音）在内的技术，并且介绍了一种包含 12 个步骤的室内游戏：你和朋友可以一起玩儿这个游戏，而最后一个看手机的人就算赢了。文章中还测评了一款手机软件，它可以把你的手机退化成那种 1999 年前后用的、只能接打电话的"傻瓜手机"。

但是，这篇文章最精彩的部分讲的是一个用塑料制成的智能手机模型，它就是一块什么都干不了的塑料，但被吹捧成了"为那些想要摆脱'手机瘾'，却因为出门不带手机而感到没有依靠的人提供的安全毛毯"。在精神分析学的理论中，"安全毛毯"是指一种同时代表着"我"和"非我"的过渡性物品。这个"同时作为'我'和'非我'"的定义，似乎更像是一个对我们的网络生活做出的实实在在的评价，而非一场为了找回那个我们早已失去的、完整的"真实"自我而做出的声讨。在网上，我既是我，同时也不是我。那个"我"在Facebook上塑造的自己，当然不是真实的我，而是一个我希望在网络世界中展现的形象。这个形象有时很真实，有时却是一个复杂的谎言。

这篇文章引用了美国堪萨斯大学一位心理学教授的话作结，他不屑一顾地说："智能手机作为一种有效的手段，可以释放人类的两个基本欲望：我们既需要找到新奇好玩的事物来消遣，也渴望那种完成任务的感觉。"但是，我认为这是一件好事。这句话总结了我们使用电子设备时的那种复杂的权衡举动。我们既具有生产力，完成着一项又一项的任务，又找到了新鲜有趣的娱乐方式。（"新鲜"和"有趣"什么时候变成反义词了？）正是这种反差（就好比酸甜口味的猪肉或是咸味的焦糖冰激凌）带来的刺激感，才使有互联网的生活充满了生机。这位教授还为一个事实感到惋惜："有了这些电子设备以后，你每分钟可以获得许多次成就感。你的大脑确实被改造了，它进入了切换模式，不停地寻找着新事物，这使得放下手机变得十分艰难。"这在我听来简直太棒了。新事物和成就感结合在一起,相得益彰。

🐱🐱🐱

从前我们在看电视的时候,"赞"并不是这项活动的一部分。诚然,我会觉得某个节目比另一个节目更"赞",但是我只能被迫在一个很小的范围内进行选择,也就是七个频道吧。如今,"赞"这个词已经有了与过去迥然不同的含义。我们可以通过"点赞"支持某件事,表达我们的看法,也可以下载一些自己觉得"赞"的东西。通过这种方式,我们在身边建立起一个基于自己的喜好与愿望的丰富多彩的产品生态系统。我的下载文件夹里的那些东西(一堆要读的书和要看的电影,上百张要听的专辑),共同组成了我的一幅自画像,既反映了我在这个特定的时间点是一个什么样的人,也能体现出我在过去生活中曾是一个什么样的人。事实上,你会在一堆特吕弗[1]导演的电影当中发现几集《脱线家族》(*The Brady Bunch*),我一度觉得这部电视剧很"赞"。有时候,我会兴致盎然地观看特吕弗的电影,而有些时候,我会特别想看《脱线

---

[1] 弗朗索瓦·特吕弗(François Truffaut, 1932—1984),法国电影导演,新浪潮电影的领军人物。——译者注

家族》。不知为何，这些心血来潮的兴趣彼此并不冲突；恰恰相反，这正好说明我是一个复杂的个体。我很少会一成不变，有时候阳春白雪，有时候下里巴人。

虽然我可以聊聊过去半个世纪里我内心每一次对音乐的顿悟，但与我在 1999 年第一次看到音乐下载软件 Napster 时那种醍醐灌顶般的启发相比，它们就显得平淡无奇了。尽管我在遇到 Napster 之前就是某些文件共享群的成员，但是 Napster 的领域垂直性和看似无穷无尽的内容，还是有些不可思议：你永远不会知道你在它里面能找到什么，也不会知道还有多少内容会冒出来。它仿佛是通过一个可搜索的数据库，将世界上所有的音像店、跳蚤市场和慈善二手店结合在一起，并且敞开大门，求着你将免费的东西能拿多少就拿多少。更棒的是，它的资源永远不会枯竭，而且你可以与所有的朋友分享自己找到的最酷的专辑。当然，种子和 Mp3 分享博客的出现，同样无数次地刺激了这一行为的发生。

但 Napster 中最令我目瞪口呆的一个功能，是你可以浏览其他人分享的文件。这就像是公开了世界上每个人的一处私密小角落给所有人看。看别人的文件夹里都有什么音乐以及如何分类，是一件很迷人的事情（或许也有点儿偷窥心理作祟）。最初令我感到惊讶的关于 Napster 的事情之一，就是人们那混杂且不拘一格的音乐品位。比如浏览一个用户的文件夹时，我会看到在以字母顺序排列的列表中，约翰·凯奇[1]紧挨着玛丽亚·凯莉（举个例子）。一个喜欢复杂低沉的先锋音乐的人，怎么会也喜欢玛丽亚·凯莉这种甜美歌手的流行音乐呢？这太令人难以置信了，然而竟然是真的。每个人都有罪恶的快感，只不过它们以前从未在这样公开的场合被展示、赞美过罢了。这让我感到格外宽慰，因为这证明了在网络世界中（延伸到现实世界中也一样），我们从来不是单一、片面的存在，那样过于单调了。相反，我们是一个自相矛盾的复杂混合体。

🐱 🐱 🐱

网络，是一种被斯坦福大学教授西阿内·艾称为**"蠢妙"**的东西，即"愚蠢"与"绝妙"的结合体。BuzzFeed[2]网站上那段小猫视频很蠢，可是作为其传播途径的 Facebook 却绝妙得令人称奇。反之，那段行车记录仪拍下的陨石撞击俄罗斯地表的视频，相当大气磅礴，可将它广泛传播的平台——Facebook——却显得乏味透

1　约翰·凯奇（John Milton Cage Jr., 1912—1992），美国先锋派古典音乐作曲家。——译者注

2　BuzzFeed 是一个美国新闻聚合网站，致力于从数百个新闻博客里获取订阅源，通过搜索、发送新闻链接，方便用户浏览当天网上的最热门事件，被称为"媒体行业的颠覆者"。——译者注

顶。正是这种张力，使我们离不开网络。假如它只有愚蠢或只有庄重，我们很快就会感到无趣。网络原本就是超现实的，是一个逻辑和荒谬的混合体，一种分散、自相矛盾的碎片化媒体。如果我们不是拼命想把这些碎片黏合为某种统一连贯的东西（很多人都在不顾一切地做这件事），而是走与之相反的方向，去探索、包容其分裂性，并由此凭借更为系统的方法去定义其本质——一种拒绝单一化的媒体——那情况又会如何呢？

在承受了科技带来的巨大冲击后，现代主义欣然接受了20世纪鱼龙混杂的媒体格局及其所带来的破坏，并且声称这种混乱是其所处时代的标志。我并不是要过分沿用这个比喻（这是一个出现了新技术的新世纪），但是我们也许能从现代主义那燃烧殆尽的废墟中，找到一些有用的零星碎片，进而提取一些关于如何走进数字时代的线索。回顾过去，现代主义实验就像许多架在跑道上疾驰的飞机，其中包括立体主义飞机、超现实主义飞机、抽象表现主义飞机等，这些飞机逐个起飞、升空，然后很快摔了下来，紧随其后的是一次又一次中辍的起飞动作。如果事情并非如此呢？我们可以想象一下，这些飞机根本没有坠毁，而是飞入了21世纪，并在数字时代里全速飞行着。假如说立体主义飞机赋予了我们将交互界面那零七碎八的外观理论化的工具，超现实主义飞机赋予了我们将神游和白日梦总结起来的理论框架，抽象表现主义飞机又为我们拥有的无处不在又一团乱麻的网络提供了隐喻，那又会如何呢？互联网闪电般的速度，为我们 21 世纪的美学提供了前进动力，这和一个世纪以前的未来主义者的诗歌，建立在工业的重击声和战争的警报声之上是一样的道理。

文学上的现代主义，同样为我们提供了一些见地。我们能否借由弗洛伊德对归档的看法来解释我们那疯狂的文件分享行为，或者借由他对意识系统的概念来解读 ROM 和 RAM？我们能否将互联网想象成豪尔赫·路易斯·博尔赫斯在 1944 年创作的短篇中描绘的那个无限的巴别图书馆的现实版？我们能否认为 Twitter 那种 140 字的限制，与海明威那篇精彩的一句话小说——"售：婴儿鞋，全新。"实际上一脉相承？约瑟夫·康奈尔的那些盒子装置艺术，能否被视为一种"前互联网"时代的、铺满图标与导航系统、仅有巴掌大的手持装置？《芬尼根守灵夜》是不是一大堆喷涌而出的话题标签？后现代主义的抽取与重新合成的行为（从卡拉 OK 到游戏再到嘻哈音乐，这两种行为在主流文化中十分盛行），也正是网络运行机制的基础。如果将互联网视作一台巨大的复印机，那么每一个从里面经过的人工制品，都会受到它那来回反弹的动作的影响（比如推文转发）。在这种情况下，人工制品的首要特征，用罗兰·巴特的话来讲就是"来自文化的成千上万个源头，是由各种引证组成的编织物"，而与此同时，它们仍然是承载内容的容器。

当未来主义诗人 F. T. 马里内蒂在 1909 年写下那句著名的宣

言 "我们要毁掉所有博物馆、图书馆和学院"时，没能预料到基于网络的文明结构将会是一把"双刃剑"。一方面，艺术家接纳了以文化因子的短暂寿命作为一种新衡量单位的事实（考虑到短暂的集中精力时间是一种新的前卫标签），于是不再为永恒而创作，而仅仅创作出一些便于网络传播长度的作品，这些作品在出现后的一瞬间就消失了，又被第二天出现的新作品所取代。另一方面，我们的每一个小动作都被搜索引擎存档了，并且被封存进了永远可调取的数据库中。与马里内蒂对擦除历史的呼吁不同，网络上的一切都永远存在。互联网本身就是一个巨型博物馆、图书馆和学院的综合体，包罗万象，囊括了从短小的状态更新到厚重的经典文本在内的所有内容。而你在网上浪费的时间、度过的每一刻，都在为它添砖加瓦，就连你的点击、点赞和"喜欢"也都会被记录下来。如果透过文学视角来解读，我们是否可以将我们在网络上的停留，看作一篇篇毫不费力且毫无意识写下来的史诗，和凿刻在我们的浏览记录中的新记忆？此外，那个既辉煌又可怕的Facebook，可以说就是由文化所创造的一部最伟大的集体自传，未来的社会学家、历史学家和艺术家都将因它受益匪浅。

正因为有了这种数据的累积，我们正在变成策展人、图书管理员、业余档案管理员，看护着我们庞大的收藏。互联网复杂的经济生态系统（包括付费和盗版），为我们提供了远超自己消费能力的文化产物：Netflix 上的电影多得我永远看不完，更别提我在文件分享平台上同步下载到硬盘里的那些没看过也没兴趣再看的电影了。所谓的"自由文化"（即认为网络是一个被用以交换想法和知识产物的地方，因此应该摆脱过分严苛的版权法的限制），其产生的后果有利也有弊。对我来说，丰富的作品是一种甜蜜的负担，因为在这种情况下，对作品的管理（包括购买、整理、解决冗余、存档和再分配），比它们的实际内容还令人难以招架。相比使用我的作品，我更愿意把它们复制来、剪切去。而且，包括失真视频、模糊的 PDF 和音质严重损坏的 Mp3 等文件在内，毫无疑问都是低清晰度版本。我很乐意为了数量而牺牲质量，为可复制性而牺牲独特性，为缺点而牺牲优点，为将文件压缩到极致而牺牲高分辨率。这一切，都是为了让自己参与到文件分享和社交网络这个全球性的聚宝盆中。那我的消耗情况又如何呢？我把这件事外包出去了。也许我只能读完我所下载的一部分东西，但网络爬虫，也就是自动搜索机器人，却会把它们全部读一遍。尽管这让我有些惋惜，但我也十分激动，能有机会出生在这个年代，能够在"语境就是新内容"的 21 世纪来重新想象文化客体的状态。

　　网络生态建立在数量之上，而正是数量促成了朱利安·阿桑奇、亚伦·斯沃茨、切尔西·曼宁和爱德华·斯诺登泄露大量数据的事件。这些被泄露的数据，实在是多得离谱，根本没法被全部读完，只能被解析。这些数据实在是多得吓人，以至于被主流媒体嘲讽为"对信息的蓄意破坏"，但这句评论实际上将这些泄露事件的作用（或者说没有起到的作用）与它们的形式混淆了，就好比是在说，这种传播信息的行为和被挪动的东西同等重要。对于阿桑奇、斯沃茨、曼宁和斯诺登来说，被挪动的东西才是最重要的，这关系到了他们的生死。但话说回来，对于很多人而言，我们的电子设备也关系到了我们的生命。无处不在的智能手机、行车记录仪和随身拍照设备，与将图像进行病毒式传播的能力结合起来，一道让人们看到了那些过去未被留意的不公正现象。当评论家们坚持认为电子设备使我们脱离了彼此，要我们放下的时候，我不由得想知道泰米尔·赖斯和拉昆·麦克唐德[1]的家人会作何反应。

在这本书中，我会尝试着去化解以上这些矛盾，运用这种多样性来使得我们那些在网上度过的时间，也就是差点儿永远被视为"浪费"的时间，重新充满价值、焕发生机、恢复原貌，并且被我们有效利用起来。1968 年 5 月，"年华莫虚度"这句话被潦草地写在巴黎的一堵墙上，成了一句口号，号召人们夺回自己的生活空间，改变那种浪费生命的上流风气。我认为，我们的网络体验，也能够让人们不再虚度任何光阴，但前提是我们要从这样的角度去看待它。我并不是要为你描绘一张过分美好的图景。网络有一些众所周知的缺点："喷子"、仇恨、舌战、垃圾广告，以及自大狂的愚昧无知。但是相对于熟练地上网，我们并没有很好地

1　两人均为近年被美国警方枪杀的黑人青少年，相关视频在社交媒体上的广泛传播对案件的调查过程产生了巨大影响。——译者注

系统总结如何在网上花费时间，这多多少少有些不正常。我听到过很多抱怨，但并没有得到多少答案，这让我觉得，或许我们以往的单一思路已经误入歧途。因此，那就秉承复杂媒体拒绝单一化的精神，让我们仔细考虑一下各种各样的想法、方法和灵感吧。尽管用"根茎状"这个词来形容互联网，已经到了烂大街的地步，但是我依然觉得它很贴切。根茎，一条条向四面八方、任意方向生长的根，提供了不止一条而是许多条道路。被放出来的妖怪不可能被塞回瓶子里，我们也不能选择置之不理。短期内我们是无法过上不插电源的生活了。戒除网瘾能够持续的时间，基本上和你坚持吃柚子减肥的时间差不多，过渡性的事物本就如此。我深信，学习、互动、交流和交往这些活动，都会像以前一样继续进行，只是采取了新的形式。我认为，是时候放下我们那种由于把时间浪费在网上而产生的愧疚感了，那是"一刀切"的做法，我们该做的是，放手去探索（甚至赞美）摆在眼前的各种复杂的可能性。

01

社交网络是逃不开的生活方式

2014 年一个周六的清晨，我在我那没多少粉丝的 Twitter 上发布了一门新的课程："我的新课程——'如何在互联网上浪费时间'，即将于下学期开始在宾夕法尼亚大学开设。"并附上了课程简介：

我们在屏幕前度过了人生，而且大部分时候是在浪费时间：浏览社交网站、看小猫的视频、聊天、购物。但是，如果说点击、发信息、更新状态和四处浏览等行为，都是我们创作一部引人入胜而又感情充沛的文学作品的原始素材，那又会如何呢？我们能否利用我们的 Facebook 来重写一部自传？我们能否通过窃取 Twitter 上的内容，来撰写一篇精彩的短篇小说呢？我们能不能将网络重新构建成一首有史以来最伟大的诗歌？这门以我们的笔记本电脑和无线网作为唯一教材的课程，会将重点放在如何将漫无目的的上网行为巧妙地转化为实实在在的文学创作。这门课会要求学生花三个小时盯着屏幕，其间他们只能通过聊天室、聊天机器人、社交网络和邮件收发软件来相互交流。为了支撑我们的实践，我们还会通过阅读一些重要的文献来探讨人类如何利用无聊以及如何消遣的漫长历史。这门课规定学生必须注意力分散，进行多线程操作，并且要在网上毫无目的地肆意浏览。

当我过几个小时重新去查看这条状态的时候，它已经被疯狂传播开了，随之而来的是如下评论："等等，我想我已经能在这个领域读博了。""这门课我肯定能得 A。"在我的推送里，我收到了一份 Vice 杂志的采访邀请，于是第二天接受了他们的采访。此后不久，我又在收件箱中看到一封来自《华盛顿邮报》的邮件，他们也邀请我接受采访，我也去了。在那之后，我每天都会收到无数的采访邀请，其中不乏一些主流电视节目，但我都一一拒绝了。当作为消息源头的我不再提供新的材料时，媒体们便开始炒冷饭，最终结果便是媒体报道媒体。

在接受了 Vice 杂志和《华盛顿邮报》的采访后，我注意到有一大批第二梯队的新闻涌现了出来，它们几乎将 Vice 和《华盛顿邮报》的文章整个照搬过来，然后胡乱加上一些开篇语和结束辞，再取一个新的标题，加上一个新的作者署名。几天后，一大堆第三梯队的网站对第二梯队媒体的文章做了同样的事情。这是一场大型的复制粘贴游戏，与我们所知道的原始新闻业所遵循的职业操守相去甚远。这就是一堂示范课，不仅展示了信息是如何在复制粘贴的世界里传播的，还演示了它们在极短的时间内就可以退化成扭曲的虚假信息的过程。

这些滔滔不绝的媒体评论（有支持也有反对），导致这门原本只有15个座位的教室被超过300个选课的学生挤爆了。2015年1月，在一片期待的呼声中，这门课终于在这所常春藤校园中一间镶嵌着橡木板的教室里启动了。教室的环境——包括一张被学生们围在中间的椭圆形巨大古董木桌——都与我们眼前的任务很不协调。但是这间不平凡的教室里装有许多音频、视频和网络设备。此外，墙上还挂着一个液晶显示屏，而它的后面则是一堵装饰着殖民地风格墙裙的白墙。圆桌的上方吊着一盏复古风格的枝形吊灯。因为这间教室正好坐落在学校的主干网络上，所以无线网信号简直强得无与伦比。学生们进入教室后，打开他们的笔记本电脑，一言不发地开始随意上网。他们几乎没有收到任何指示，唯一的要求就是他们需要在这一系列课中写出"一些东西"，然后交上来。

起初，场面一片混乱。学生们在三个小时里做的唯一一件事情，就是漫无目的地浏览那些现成的社交网络和群发邮件。在没有任何指导和评论的情况下，他们在每节课上写出的东西也不堪入目，这些作业反映出他们在教室里体会到的茫然。课间休息时，这些学生看上去都不愿意与身边的人交流，他们筋疲力尽，而且有些恼火。我也不知该怎么办，在宾夕法尼亚大学教书的十余年间，我从未见过如此萎靡不振的一帮学生。很明显，我的教学实验失败了。

下一次课间休息后，我坐在教室外面的一张桌子上，想着该如何与助教一起收拾这个烂摊子，这时，关着门的教室里忽然响起了一阵音乐。我们站起来，想去看看究竟发生了什么，结果发现 15 个学生全都离开了座位，正随着一段在 15 台电脑上同时播放的音乐视频——歌手 Khia 的说唱歌曲《我的脖子，我的背》——疯狂地跳着舞。其中一个学生把自己的电脑接到了墙上的大屏幕，用它播放视频，并把音频接到了教室的扬声器里。顿时，这间教室既像一座电视演播大厅（所有的电视排成一排，播放着同一场表演），又像一间迪斯科舞厅。我不知道刚才发生了什么，但确实有某些东西产生了变化。

原来，其中一个学生在群邮件里默默地发出了一个请求，让所有人来帮她完成一个写作练习。她最初的想法是让教室里的每一个人都选一首歌并大声播放出来。她会去听这些歌词混杂在一起的杂音，写下一些随机听见的歌词小段，然后用文字创作出一篇对声音的文字描写。其他学生答应了她的请求，但事实证明，15 台电脑各自播放不同歌曲汇集成的杂音太乱了，她无法从中提取任何有价值的东西。于是学生们打破了这个规则，开始了一轮激烈的讨论，关于如何帮她更好地完成任务，展开了一场头脑风暴。他们最终决定，所有人同时播放同一首歌，看看会发生什么，于是，长话短说，后来就是他们停止写作，跳起了舞。那首歌一结束，他们马上就开始讨论接下来该播放哪一首。他们将选好的视频添加到播放列表里，然后倒数三声，所有人同时按下播放键。下一首歌开始了，他们又继续跳舞。在接下来的两个小时里，他们除了跳舞什么也没干，一直跳到下课。

在第二个星期的课堂上，重新恢复活力的他们，自发组成了一个小组，开始交换如何一起在互联网上浪费时间的点子。教室里不再死气沉沉，也不再鸦雀无声。他们各就其位，提出各种想法来与大家讨论或者供大家检验。其中不乏一些很棒的点子，当然也有很多想法很快就没有下文了。

这些点子当中，有一个格外刺激，那就是每个人都打开电脑，然后把它递给坐在自己左边的人。在接下来的一分钟里，左边这个人可以打开电脑里的任何东西，包括文件、文件夹或是文档。唯一的要求是不能移动或者删除任何东西，而且为了透明公开化，不可以关掉任何已经打开的窗口。一分钟结束时，他们要再一次将电脑递给自己左边的人。这个动作需要一直重复，直到班上的15个人全都看过自己以外14个人的电脑为止。听到这个提议后，我班上的这些学生个个脸色煞白。我几乎能感受到恐惧在教室里激起的阵阵涟漪，大家都犹豫了。有人持有保留意见说："我的全部生活都在这台电脑里了。""我以前从没有让任何人碰过我的电脑。"但是当他们意识到其他所有人都岌岌可危之后，最终还是同意小心翼翼地进行。

接下来的一幕，既精彩又有些虎头蛇尾。我看见一个女生迟疑地看着她眼前那台属于别人的电脑。她敲了几个按键，打开了几个窗口，然后把电脑传给了下一个人。我看着另一个学生顺着一个文件目录点了进去，连续打开了几层文件夹，直到终于找到了一个电子文档，打开后迅速地扫了几眼，就继续去打探别的地方了。最终，当你的电脑回到你手里时，你所看见的东西就是所有人都看过的东西。当拿回我的电脑时，我看到我的相册被打开了，而且还播放着一些我曾经下载的视频，还有一些财务报表也被点开了。有人把我的邮件看了一遍，有人搜索了"毛片儿"这个词，还有人看了一眼我正在读的书。他们在看自己的电脑时有各式各样的反应，大多是觉得好笑。最后大家发现，就算——打个比方——某个人的日记被找到了，人们也没有足够的时间找出最"劲爆"的部分。毕竟人们在一分钟内看不了多少东西，而且还有被"报复"的风险，因为你的电脑很快也会传到别人的手中。

这场活动使很多事变得不那么神秘、可怕了。大家开始明白，他们电脑里的东西基本上和别人电脑里的大同小异，不过是一些对我们来说有些意义的文件，除非有人抱着十分明确的查找目标，否则我们的东西对别人来说毫无用处。在这场活动过后，我能清楚地感受到教室里的人都松了一口气。我看到学生们的身体都放松下来，表情也不再那么紧张，并开始与身边的人交流，和他们分享被别人打开的文件，然后一起大笑一番。他们先前非常担心的隐私泄露并没有以他们想象的方式发生。正相反，通过这次人与机器的互动，整间教室里的人在生理和心理上产生了深度的联系。他们冒着风险进行了尝试，结果是他们发现自己跨过了一道门槛，步入了信任与亲密度的下一个阶段，这使得他们可以以一个小组的身份一起向未知的海域进发。

后来，赌注继续升级——他们开始玩"数据决斗"，即让两个人走到教室的前面，互相交换电脑，背对背站着，走10步，转过身面朝着对方，一起数到3，各自删掉对方电脑里的一个文件，然后清空回收站。在电脑被物归原主前，所有的窗口都会被关掉，所以大家永远不会知道被删掉的是哪个文件。一年后，我仍旧不知道我失去了哪个文件，进而也让我意识到也许我的数据并没有自己以为的那么珍贵。

几个月后，这个班级变成了一个点子制造机，学生们想出了许多让同处一室的人一起在网上"浪费"时间的办法：

通过支付软件给你右边的人转账100美元。他们也必须给他们右边的人转 100 美元，以此类推，直到你的钱转了一圈儿以后又回到你手中。

大家一起发起一条无害的谣言，并在尽可能多的社交网络上传播出去。

对你左边的人做一次背景调查。找到关于他们的所有细节：地址、学校、邮箱、爱好、小组、发表过的文章、作品、犯罪记录、家庭成员，等等。不择手段地找到所有你能找到的东西。把你找到的所有东西保存为一个文档，把这个文档发给他们。

大家坐在一起，将所有人的住址放进中间的一个碗里，然后每人随机抽取一个。为这个人网购一个价格低于 1 美元的礼物。

大家一起选择一张流行音乐专辑。在网上找到此专辑中每一首歌的最差劲的版本，依据可以是专辑封面图太丑、下载音质太差、下载链接含有病毒、歌词听不清，或是重混太糟糕。然后用这些新的版本重新组合出这张专辑。

有一周，学生们发起了一项新的挑战，看谁能在 15 分钟内通过将物品放进亚马逊网站的购物车里累积出最高的金额。当这个活动结束时，获胜者通过点击古董邮票、体育纪念品和昂贵的首饰让自己的账上显示出了 23475104.18 美元。大部分人都迅速清空了购物车，生怕自己一不小心点击了"结账"按钮，让自己陷入几千甚至是上百万美元的债务之中。我忘了清空自己的购物车，于是第二天，我的妻子惊恐地打来电话说，"有人黑进了我们的亚马逊账号并往购物车里添加了两千多万美元的商品"，她被吓傻了。我不得不向她好好解释了一番。每节课过后，所有人都会重启电脑，这种礼节性的清理行为已经成了一种仪式。每当教室中响起此起彼伏的开机提示音，也就意味着新的活动拉开序幕。

于是，周复一周，事情一直如此。我很快就放弃了关于写作的要求，因为一起在网上花费时间的经历，远远胜过了任何由此产生的人为作品。我们得出的结论是，在平日上网时，我们往往是在做一些单人的或平行的活动，就好比大家同处一间宿舍、一座图书馆，这也是为什么第一节课会失败，而通过将网络和设备加入现实的社交活动中，我们却创造出了新的集体活动形式。整个课堂体验十足类似一场"扭扭乐"游戏[1]，二者都是根据一个装置（"扭扭乐"中的转盘）发出的动作指令，来摆放自己的手和脚。由于你必须遵照机器（转盘是一种原始的机器）的指令行动，你的肢体最终会呈现出平时不太常见的姿势。即便你们的姿势会十分尴尬，例如你的鼻子靠到了另一个人的裆部附近，也不会有人觉得被冒犯了，因为是机器决定了你们的肢体往哪儿搁。可以说，正是这一点才让整个活动变得趣味盎然（有人认为"扭扭乐"

1　扭扭乐（Twister）是一种十分流行的游戏，游戏垫上的几名玩家需要转动指针转盘，根据转动的结果将手和脚放到指定的颜色圆点上，最终坚持到底没有倒下的人获胜。——译者注

是历史上第一个用人体当棋子的棋盘游戏）。我们一致同意按照游戏规则来玩，无论结果怎样都没关系。这台存在于我们这项社交互动核心的机器，似乎可以缓和一切时不时出现的紧张时刻的激动反应。正如玩"扭扭乐"一样，如果事情变得不愉快，我们可以怪这台机器而非自己的同学。大家在情绪上还是保持着冷静，即便是玩得很尽兴，也还是相对保持平稳和机械的状态。那支舞的确很疯狂，但是大家都清楚自己在干什么，这毕竟是在一所常春藤大学而非一间夜店。没有人将自己的感情宣泄出来，我们从来没有集体拥抱过，但是教室里却有许多情绪反应在暗自流动着。

情绪反应是可能出现在任何给定社交场合中的一种有力却无形的情感温度，例如当你走进一个气氛紧张的房间时，虽然看不见任何体现这种紧张的痕迹，但你会觉得它非常浓重。这就好比你在害怕的时候，发现自己手心出汗，这种可以被自己感知到的反应，通常无法被他人察觉（除非你的手在抖动）。手心出汗，是一种由情绪反应引起的"先行情绪"，是一种与完全宣泄出来的情绪——尖叫、大笑或哭泣——相反的情绪。关于情绪反应最著名的例子，也许就是巴甫洛夫的狗流口水的实验。情绪反应是一系列小闪光、小波动和小激动的集合，它具有传染性，能够从一个身体蹦到另一个身体上，通过微小情绪和细微感受对周围的人产生影响，是一种神经系统脉冲的延伸。我们在网上的生活充溢着情绪反应，网络将我们的感觉放大，并且生动地表现出来。虽然我们看不见 Wi-Fi（情绪反应的载体），但它无处不在，并将可能出现在我们屏幕上的情绪的波动和刺激，通过空气传送出去。这就充分解释了为什么社交网络虽然本身是个冷冰冰的平台，却会让人情绪亢奋。也正是因为有了情绪反应，互联网上才会发生"病毒式传播"这种事。作为一种无形的力量，情绪反应让所有事情都变得极易传播。

我用邮件发送应聘简历的时候，情绪状态会介于紧张和充满希望的中间地带。当我收到别人对这个请求的答复时，我的情绪反应是期待，这种期待毫无疑问会在我打开这封邮件时转化为强烈的情感。这短短几微秒的时差，使网上沟通无论如何都会引起人们的情绪反应。收到那封邮件的人，很有可能也处于一种情绪微微波动的状态。观察一个在等信息回复的人，就能看到这种时间间隔内的期待情绪。如此说来，网络其实具有心灵感应的能力：我们发送一封邮件，更新一条状态，发布一条 Facebook 状态，然后等待、期待着回复的出现。网上的沟通就像钓鱼一样，你把鱼线放进水里，希望有鱼会咬饵、上钩。但是由于我们说话的对象是整个世界，在这种史无前例的情境下，我们其实并不知道自己在和谁说话，结果常常会导致悲剧性的误解和沟通误差：我们以为自己做了某件事，但是事实上我们却发现自己做的是另一件事。同样，心灵感应使无数的沟通成为可能——这种沟通存在于作者与读者之间、编程人员与网页受众之间、粉丝和朋友之间，更不用说一个网络社群里的成员之间了——而所有的沟通都是由情绪反应传达出去的。

Wi-Fi 包含着无线电波，这正是一种早期的无线情感反应传播技术。在 1934 年的一篇作品中，埃兹拉·庞德将艺术家称为"一个种族的天线"。庞德在此使用了一个新的技术性比喻——发射无线电波的天线，并赋予它一种虚幻的、神秘学的用法。一些艺术家以无线电波作为自己的媒介，并将其视为专利，庞德是在用一种全新的科技来形容一些古老的媒介：雕塑、画作和诗歌。从这个角度来说，庞德提到的正是后来人们所说的"幽灵学"。这是雅克·德里达发明的一个术语，用以描述"一种既不在场又不缺席、既生又死的幽灵的幻影"，也可以描述新的媒介是如何被旧的媒介所纠缠和困扰的。在 19 世纪，人们在降神会[1]上会使用"灵应盘"之类的仪器，通过它们，很多死去已久的人的声音和想法会被带回人世——这是真真切切的"机器中的幽灵"。而在我们的 21 世纪，无线网络的传输与"灵应盘"有着诡异的相似之处。

与神秘学类似，情绪反应也与线性叙事相违背：它并不具有结论性或是治愈性，相反，它稳定、持久，在同一个地方盘旋不去，

1　一种声称能与逝者的鬼魂对话的仪式。——译者注

并且能够引起条件反射。于是，我的学生并没有得到任何结果或是充满戏剧性的结论。讽刺的是，在一间满是机器和小装置的教室里，驱动着整个班级的却是那些肢体和他们的小动作，也就是那些随情绪反应而来的小动作。人们都说科技拉开了人与人之间的距离，但是我们发现事实恰恰相反：我们的电子设备加剧了我们在肢体和情感上的体验。当我们的身体和网络融为一体时，我们十分容易理解和感受到教室里的每一个人。远程办公或MOOC（大型网络公开课）就可以让典型的网上距离更加具象化，毫不夸张地说，我们的体验实属非典型距离。

在这间教室里，每一个举动都是一次信息传送。仅仅是学生们将自己的电脑转过去与整个班级分享他们在网上发现的东西，就足以引发一系列穿透全班学生的生理上的电子反应。这是一种真正意义上的肉体世界的社交网络。

🐱🐱🐱

此时此刻，我正在柏林的一间大教室里，在这个阴雨绵绵的周六下午，我受邀来为100个人做一堂长达4小时的、关于"在网上浪费时间"的讲座。到场者均被告知要带上笔记本电脑和各种电子设备，这些设备都连上了网速快如光速的Wi-Fi。开场的时候，我给他们讲了一个故事：我的一个学生曾经做过一项课题，将他自己的银行卡密码大张旗鼓地写在一面旗子上，然后趁半夜四下无人时将它升到了校园中央的旗杆上。第二天，全校师生都看见了他最私密的个人信息——银行卡密码。当然，没人知道这一串奇怪的数字代表什么，即便有人认出它是一串银行卡密码，也不会知道这个密码对应的是谁的账户。几个小时过后，旗子被拿走了，他的财产没有任何损失。

我对在班里做过的那个分享他人电脑数据的活动做了一个扩展，建议在场的人做这样一件事：我们能否更进一步，与别人分享自己的密码呢？我问在座的人，有没有人愿意与所有人分享自己的密码。我这个请求得到的答案是：一片死寂。看得出来，我的提议在这里有点儿过火了。于是我改为向他们展示我创建个人密码的方法。我打开了一个文档，把字号改得无比巨大，将它投影到我背后的屏幕上。我对着整整 100 个陌生人解释了自己创建密码用的公式，展示了我所有密码的规律：开头是某网站的名称，首字母要大写，比如说"Yahoo"，然后是一个科学家的名和姓，后面跟着一个我曾经用过的座机电话号码的后四位，最后以两个感叹号结尾。所以，我的一个典型的密码就是"YahooStephenHawking6830!!" 或 者"AmazonMax-Planck2448!!"从我选用的这些元素就能看出我是一个怎样的人，因为它们包含了我对科学的痴迷和对曾用过的电话号码的怀念。当我每键入一次密码，就会有一段回忆涌上心头。

我问在场的人，有没有人愿意到讲台上来展示自己创建密码的方法。一个女生自愿上来为我们展示了她的技巧，她的所有密码都包含了"410"这个数字。我们想知道原因，她说是因为她在丹麦长大，而她从小最爱看的电视节目会在下午4点10分开始播放。忽然之间，全班都开始活跃地讨论起这个话题。原来，这档电视节目在整个欧洲的播放时间都是一样的，而且在座的很多来自不同国家的同学都对它有着很深的感情。回忆被激活的学生们就这一话题聊了好一阵子，直到一名男同学走上讲台，为我们示范他创建密码的过程。他演示的过程相当令人费解，班上没有一个人听得懂，而这正是他的本意。他向我们解释道，他是一名受过训练的密码破译员，很喜欢破解智力难题。他的密码完全符合逻辑，只不过是另一套逻辑。教室里的人开始意识到，密码绝不仅仅是我们用来进入各种密室的东西，它们是由我们的自传性资料碎片构建而成的小型自画像，在不知不觉中体现出我们是怎样一个人，我们是如何思考的。就连我们在找回密码时回答的那些笼统的安全问题都私密得有些尴尬："你的初吻对象的名字是什么？""你挂掉的第一门课的老师姓什么？"

接下来，我借鉴了在宾夕法尼亚大学的课堂经验，叫全班每一个人都在YouTube上找到一首歌然后将它切换全屏。所有人一齐按下播放键，从所有电脑的扬声器里传出来的100首不同的歌曲使整间教室里回响着刺耳的杂音。歌曲播放完毕后，学生们站起来说出他们选的是哪首歌、为何选择这首歌，以及他们用这首歌想要传达给大家的反映他们个人身份的信息是什么。大家发现，每个人都有选出自己那首歌的理由。一位男同学播放了一段视频，里面是他儿子在当天吃早餐的时候给他听的一首"造物主泰勒"[1]的说唱歌曲；一位女同学则播放了一首当下流行的"洗脑歌"，并且表示这首歌是她整个夏天的背景音乐，因此已经承载着一些她对6月初的那几天的回忆；还有一位老先生播放了一首被翻唱的英国国歌，说这首歌体现了他心中强烈的爱国情怀。

在喧闹之中，有一首歌脱颖而出，是泰勒·斯威夫特的《统统甩掉》（*Shake It Off*），似乎全班的人都知道这首歌。而且由于它的副歌特别具有标志性且朗朗上口，当大家关掉视频后很久，每个人的耳朵里还萦绕着这首歌。我让每个人都把 YouTube 上的同一个《统统甩掉》的视频放进播放列表。与之前一样，在我数到三的时候，所有人同时按下播放键。100台笔记本电脑的屏幕上都是这段视频的开始镜头，视频中的那一排舞蹈演员在整个教室中延伸开来，多得像是没有尽头，仿佛无数个"火箭女郎"[2]在一齐踢大腿。100个屏幕上，100个泰勒·斯威夫特从一帮舞蹈演员中

1　"造物主泰勒"（Tyler the Creator），原名泰勒·格雷戈里·奥康马（Tyler Gregory Okonma, 1991— ），美国说唱歌手。——译者注

2　火箭女郎舞蹈团（Rockettes），世界著名的舞蹈团之一，组建于1925年。——译者注

跳出来，转过身来对着镜头，唱道："我通宵直至深夜，脑袋放纵一片空白，于是人们对我指指点点，人们对我评头论足。"但是紧接着，一台电脑发生了可爱的小卡顿。由于不同的电脑处理器的运转速度不同，而且每台电脑连接网络的方式都不尽相同，屏幕上的视频同步开始变得没那么流畅了，一些电脑上播放的是其他电脑上 10 秒前播放的画面。这间教室变成了一个巨大的回音室。这段 4 分钟的视频播放到后来，音调的不同步越来越明显。这首流行歌曲开始变得像是斯蒂芬·莱许[1] 早期的一首关于磁带循环的音乐片段——在这些片段中，两台盘式录音机同步循环播放着同一段录音。在这两台录音机同时播放的时候，由于机器的回放速度有轻微的差异，它们的声音逐渐变得不再同步，最终会出现一种具有迷幻效果的回声和重叠，而这正是可怜的泰勒·斯威夫特视频所发生的事情。渐渐地，随着每个电脑里的视频以不同的速度播放完毕，整个教室安静了下来。最后，教室里最慢的一台电脑也播完了这段视频。这个"独奏表演"恰似视频中的最后一个镜头——在一群摆好姿势的芭蕾舞演员当中，泰勒·斯威夫特坐到了地上。这一幕简直充满了诗意。

接下来，我让所有人打开他们的电脑，登录 Facebook，从自己的电脑跟前走开。在接下来的 15 分钟里，每个人都可以任意

---

1 斯蒂芬·莱许（Steve Reich, 1936— ），美国作曲家，20 世纪 60 年代后期的极简主义音乐四巨头之一。——译者注

走到一台电脑前面，在状态更新栏随心所欲地输入一些东西。教室里出现了一片恐慌，参与者全都警惕地盯着电脑。我看到他们稍加思索，怯生生地在窗口里键入几个字，然后走到另一台电脑前。但是没过几分钟，他们就全身心投入到了活动当中，往别人的生活记录中噼里啪啦地打字。他们输入的有些是吉祥话："祝你今天过得愉快！"有些则更具有自我反思的性质："你知道这不是我。""我正在网上浪费着时间。""肯尼思·戈德史密斯让我这么干的。"还有些话满溢着道德情操："在别人的 Facebook 页面上写东西实在是大错特错。"有几个人在输入框中打出了一些超现实的句子、毫无意义的词和即兴诗歌。一些参与者像那些到处留下涂鸦签名的人一样在每台电脑里都输入同样的神秘词汇，以这种方式标记着自己的领地。当整个活动结束后，我让班上的一些人读一读别人写了什么。教室里的气氛顿时开始紧张。有的人在听到自己写下的东西时露出了会心的微笑，有的人却在读到了别人胡乱地写在自己页面上的话后惊恐万分。这间教室变成了一个情感回音室，各种情绪在教室里飞来窜去，从 Facebook 页面上弹出来，回到了这间教室当中。这种情绪反应还延伸到了教室以外：果不其然，学生们的手机纷纷响了起来，参与了活动的人的亲友都开始联系他们，问他们是否一切正常，知不知道自己的 Facebook 账号被盗用了。每个人都有一大堆解释工作要做。

接下来，我问大家是否有人自愿来到教室前面，用这台接到大屏幕上的电脑公开演示自己在网上打发时间的过程。一个年轻人走上前来，在登录 Facebook 的时候，他的手抖个不停。屏幕上的光标也跟随他的手抖动着，这是他的生理状况的数字化表现。他犹豫了一会儿，查看了自己的邮件，看了一会儿工作计划表，又删掉了一堆垃圾邮件。他向下滚动着 Facebook 页面，略过了许多内容，在遇到视频的时候慢下来，点开每个视频看上几秒钟。他在网上的活动是他大脑活动的延伸：当他略过一些自己订阅的内容，或是逗留在一些内容上时，我们几乎能看见他在想什么了。

　　整个过程中他一言不发，但越来越频繁地抬头观察我们的反应。他越是看我们，我们越能感觉到他的动作中的不自在。他打开 YouTube，在他订阅的一个喜剧频道里搜索了一番，然后点开了一个加拿大笑星罗素·彼得斯的长视频并将它切换全屏。他倒在椅子背上，双手抱在胸前，开始和我们一起看这段视频。我们哧哧地笑，他则保持微笑。这个视频有几分滑稽，也颇具娱乐性，而他就这样任由它一直播下去。这个视频播得有点太长了。我能感受到教室里升起一股不耐烦的情绪，毕竟大家是来看他如何在网上打发时间的，也就是说，大家是来看他打发时间的独特方式的，但现在大家却要被迫观看这个冗长无聊的视频。尽管他的确是在网上打发着时间，但他似乎并没有遵守这个班级里临时制定的某种看不见的规则。人们开始四下嘟嘟囔囔。最终，情绪反应转化成了一种彻底的情绪爆发——一个女同学质问道："你这并不是在网上打发时间！你只是在逗我们开心。我们是来看你怎么打发时间的！"这个男生仿佛对她的话感同身受。他低下了头，并且道歉说："这真是容易让人精神崩溃。我很抱歉，但是我以为，如果像往常一样在网上打发时间，你们会感到无聊。我会因为自己不够有趣而感到愧疚，所以我以为你们会喜欢这个视频。"带着挫败感，他回到了自己的座位上。

一个有些书呆子气、戴着黑框眼镜的潮男，昂首挺胸地走到了讲台上。他自信满满地坐下（也许他心里有几分沾沾自喜），打开浏览器，到一个需要密码的学术网站上下载了一篇海德格尔的文章。然后他打开 Spotify，播放一些勋伯格的无调性弦乐四重奏。你可以感觉到教室里有些人在翻白眼。这个人还能再浮夸做作一点儿吗？他紧接着播放了一段戈达尔[1]的采访录像，并关掉了声音，与此同时，人们开始让他坐下。他的表演被大家识破了，而这场表演歪曲了一些事实，这可能不是他在网上打发时间的真实情况。难道他不像我们一样刷 Facebook 吗？他很了解他所在的领域的知识，并且选择表演他性格当中精心策划好的一面。他通过这种方式借机表演了一番，向大家展示了一系列文化作品。这些作品也许表明了他是什么样的人、不是什么样的人，或者想让别人认为

1　让－吕克·戈达尔（Jean-Luc Godard, 1930— ），法国电影导演、编剧、制片人。——译者注

他是什么样的人，而真相最有可能是这三者的结合。

最后上台的是一个女研究生，她刚一上来就承认自己特别紧张："我都能听到自己的脉搏在跳动。"她坐好以后登录了Facebook。她浏览着自己收到的推送消息，停下来说道："我感到很内疚，感觉这样好像是把我Facebook上的朋友暴露在100个陌生人面前似的。"我特别留意了一下人们在这些活动中会感受到多大的愧疚感。接下来，她打开了一个新的窗口，查看了自己的雅虎邮箱，并且开始在播放器上播放蒙福之子乐队的《小狮子人》。这首歌听起来就像一部意大利西部片的配乐，而这也让她在讲台上的一举一动带有了一丝电影的味道——我们此刻感觉就像在看一部电影。她上网的方式十分焦躁和跳跃。很快，她回到了Facebook，将页面上的一个艾伦·德詹尼丝的短片切换全屏，看了一小会儿，又把它关了。现在她上网的动作已经是无意识的了，而且变得很有节奏：首先查一下邮件，然后刷Facebook，又回到YouTube，如此循环往复。在接下来的10分钟里，这个结构固定、永不停歇的动作不断地重复着，每一次重复时稍有变化。她的那种放松和无意识的状态十分具有感染力：我看到教室里有人改变了坐姿。有人在观看的同时把腿伸展到铺着地毯的地面上，面部表情有些舒展而放松。她的上网习惯很有规律性。她有节奏感地在网站之间兜兜转转，这让我想到了呼吸——吸一口气，憋一会儿，有规律地稍微停顿，然后吐气。随着她渐入佳境，她在网上打发时间的动作变得有条不紊，在场的每个人也都安静了下来。我们都进入了一种神游太虚的状态。这间隐藏在柏林的野兽派水泥建筑中的平凡的教室，此时已经变为某种类似瑜伽教室的场所，而这里的 100 个陌生人全都和谐地陶醉其中，在一种伴随着电流嗡嗡声的宁静中一同摇摆着。

02

手机让我们变成电子僵尸

从柏林回来的几周后，我在一个美好的仲夏夜里走在纽约派克大街上。上班族大军正从办公室里汹涌而出，大部分人手里都握着手机。此情此景让我想起了美国联邦最高法院首席大法官小约翰·罗伯茨说过的话。他认为电子设备在我们当代社会扮演了极其重要的角色："在我们的日常生活中，这些设备是如此无处不在而又引人注目，以至于那些人们常说的火星人在到访地球时，可能会误以为它们是我们身体构造的一部分。"这些半人半机械的家伙在各自的手机上敲击着，像一群夜空中的蝙蝠，在拥挤的人行道上灵巧而敏捷地穿行。

凝视着这种科技无处不在的都市景象，我想起了超现实主义者对"在公共场合睡觉"这件事是多么情有独钟。他们受到了弗洛伊德的启发，想要将梦境从卧室里带到大街上。我们大多数人将睡眠视为一种补充体力的必要手段，一种修整和恢复；然而超现实主义者却十分讨厌那无法避免的清醒状态，因为它会打断睡眠。他们最大的愿望就是活在一个持续做梦的状态里。"我相信在未来，现实和梦境这两种看上去如此对立的状态，"安德烈·布勒东[1]说，"会融为一体，变成一种绝对意义上的现实，一种超现实。"

孜孜不倦地探寻着如何将这两种对立融为一体的布勒东，开始参加降神会，而这也成为所有心怀理想的超现实主义者的必然选择。在降神会上，布勒东注意到他的一些追随者打起了盹。一个名叫勒内·克维尔的诗人尤为特别，他是一名梦呓者，在即将昏昏欲睡的时候会咕哝一些毫无意义的话。在克维尔假寐的时候，布勒东发现了一种可移动的降神会，他们将它从墓地般寂静的客厅里抽离出来，搬到喧嚣的公众场所，把做梦者塞到人群当中。从那以后，他说服了克维尔，让他在咖啡厅里睡过去。一旦人们断定他进入了假寐状态（一直有人对此表示质疑，认为这只是一种戏剧化表演），他就要回答一圈醒着的诗人准备的问题。这些诗人将他们的对话抄写下来，用作将来诗歌创作的基本素材。布勒东对这些答案喜闻乐见（克维尔的答案绝对超现实，一向答非所问），直接将它们看作从潜意识里抽取出来的表象，而这正是一种

1　安德烈·布勒东（André Breton, 1896—1966），法国诗人和评论家，超现实主义创始人之一。——译者注

平衡了清醒与睡眠状态的行为。

这些超现实主义诗人渐渐地开始竞争，看谁能在公众场合里睡得最好。布勒东针对这件事写道："他们每天都想用更多的时间来睡觉。那些记录下来的话语让他们着迷。他们在所有地方，在任何地方都会睡着……在咖啡厅里，他们睡在啤酒杯和茶盘之间。"其中一个特别勤奋的人，每晚上床睡觉之前都要在门上贴一张便笺，上面写着：**诗人正在工作**。

安德烈·布勒东提出，梦游是一种最佳的普遍社会状态，他曾问道："我们什么时候才会有睡着的逻辑学家和哲学家呢？"如今的科技似乎已经将超现实主义者对梦境文化的想象完全变成了现实。我们陷入一种新型电子时代下的集体无意识状态之中。我们被好几种电子设备捆绑着，半梦半醒地活着。我们在浏览网页的同时打着电话，一边听着对方说的话，一边同步回复着电子邮件、查看着别人更新的状态。我不禁注意到，人们变得十分善于一心多用。如果布勒东知道这些一定会很开心。

🐱🐱🐱

我决定去跑跑步。我迅速换上短裤和跑鞋，戴上耳机，拿着我的苹果手机出了门。我跑步时一般不会制订任何路线计划，反之，我会跟随城市的指引来跑：曼哈顿的车流和人群决定了我跑步的路线。刚开始跑的时候总是很艰难，但是跑了 10 分钟以后我就会感到自己突出重围。耳机里传来几首 20 世纪 70 年代的 Dub 音乐[1]——Spotify 正在播放突比王[2]的歌曲，我也逐渐找到感觉了。

当我刚找到音乐节奏和跑步的节奏时，脑海里浮现出一些关于我正在写的一本书的极佳构思。我希望在跑步中将它们记下来，于是从兜里拿出苹果手机，打开一个叫 Note 的软件，开启 Siri 的语音识别功能，开始口述。我说的话被手机网络发送到一个服务器上，然后在极短的时间内以文字的形式传回我的手机。对于街上的路人来说，我看上去无异于一个三心二意的蠢货。他们对我撇撇嘴、摇着头，仿佛在说："你就不能专心跑步吗？你非得把自己拴在那个电子设备上没完没了地闲扯淡吗？"他们可不知道，我其实是在写一本书。

我处于一种半睡半醒的状态：我的脚在动，身体也在出汗。此刻我文思泉涌，几乎忘了自己还在跑步。我跑得正兴奋，毫不费力地"漂浮"在人行道上。除了城市的律动，科技也同样决定着我跑步的节奏。每当我打开语音识别功能，突比王的音乐就暂停了。为了让 Siri 更好地捕捉到我的话语，我会调整说话的方式。

1　一种音乐形式，类似抽去人声、只剩伴奏的雷鬼音乐（Reggae）。——译者注

2　奥斯本·拉多克（Osbourne Ruddock，1941—1989），人称"突比王"（Tubby King），牙买加电子音乐人、录音师。——译者注

为了让它识别我所说的每个字，我放慢了语速，故意把每个音都发得很清楚。每当要加逗号时，我会读出"逗号"这个词，要加句号时则读出"句号"这个词。当我想另起一段时，我会说"新段落"。我欣然地根据机器的要求调整我的说话方式，它现在已经和我急促的喘息声以及曼哈顿的交通灯系统合为一体。在我描述自己说话方式的时候，我有意识地停了一下。我尴尬地想起前不久给朋友的语音留言中，我也说出了"逗号""句号"这两个词，就像在跟 Siri 对话那样。

尽管我并没有戴智能手表或运动手环，但在我跑步的时候，我的一些数据还是被上传到了云上。手机把我的每一个动作和实时位置都记录下来。我的健康应用显示，我今天跑了 7.2260 千米。事实上，手机会显示一天内我每隔 5 分钟的运动状况。比如说，在当天下午 5：05 到 5：10 之间，我跑了 0.9152 千米，而在接下来的 5 分钟里，我跑了 0.7915 千米。这个软件还告诉我，我今天到目前为止已经走了 8306 步，而在 2015 年，通常情况下我一天能走10129 步。所有这些信息都以图表的形式被储存在我的私人设置当中，通过漂亮的可视化图表显示出我过去几年里到过的所有地方，以及到访那些地方的时间等数据。除此之外，我手机里的 GPS 会记录我跑步过程中的一举一动和我的速度。我主要是在大街上跑，所以我的数据会汇入谷歌地图的交通报告中。谷歌地图并不知道我是坐在车里还是在大街上跑步（对它而言，我只是一个活动着的 GPS），所以我跑步的那点儿可怜的速度，会让谷歌对交通情况的监测结果向"拥堵"靠拢一点点。当然，我随时可以关掉这些功能，但是设置开关藏得太深了，我懒得去找。可以想象，这些数据中的很大一部分乃至全部，都被卖给了市场营销人员，并且被美国国家安全局一类的政府机构挖去。

所以，我为了厘清思绪而跑的步，远比我想象的要有用得多。我不单单是在跑步，而是在生成海量的数据，一边在现实的城市景观中穿行，一边构思和撰写我的书。如果我以为自己仅仅是在做跑步这一件事，那我就太天真了。即便是在闲暇时，我还是被捆绑在了连着网的电子设备上，疯狂地同时做着好几件事并且高度分心，而这不是什么坏事。

❖❖❖

我们是否可以说，在城市中跑步或走路的行为，正是将语言述说出来的行为。我们是否可以把我们的脚想象成嘴——穿梭于城市丛林中，我们凭借它诉说着各种各样的故事。这些故事是如何被书写下来，并且相互交流的呢？在我们走路的时候，踏着一张被所有曾走过这条人行道的人反复书写的纸，人人都在这条路上写下了自己的故事。正是通过这种方式，当我们在城市里漫步时，我们一边即时讲述着自己的故事，一边对前人留下的往事加以复述。

在城市里行走的举动会即时生成一种文本，我们在书写它的同时也在对它进行解读。城市规划哲学家米歇尔·德·塞托[1]说："这种生活的基本形式在于，他们是'**漂移者**'（Wandersmänner），他们的身体循着城市'文章'的粗细笔画而行走，他们写下这篇文章，自己却无法阅读。"所以，行走就是一种用我们的双脚来阅读城市的行为。城市本身就是一部史诗级巨著：每座建筑都是一个单词，每条道路都是一个句子，每块街区都是一个段落。德·塞托所说的不可阅读性基于以下三个事实：动作的模糊性、故事展开的速度以及庞大的文本数量。我们说的"超文本"，通常是指网上的文本，但是其实可以把城市看作"原始超文本"，即一种动态的、模拟的、在数字时代之前就已出现的复杂互文范例。

到 21 世纪，这个故事进入了某种拥有四个维度的数据空间当中。我们在行走时会产生许多数据流，记录了我们的行踪和走路的方式，包括我们走了多远、走得有多快、燃烧了多少卡路里等。街道上空的大气当中飘荡着我们的故事，它们被传输到遍布世界各地的服务器集群中去，被分解、剖析，然后重新出现在我们的电子设备上。我们一边行走，一边思考；一边阅读，一边书写。

1　米歇尔·德·塞托（Michel de Certeau, 1925—1986），法国哲学家与历史学家。——译者注

我们走路的节奏影响着思考的速度。一旦着急，我们会疯狂而激烈地跑步、暴走、思考、阅读或写作；一朝闲暇，我们则会将逻辑丢到一边，仅凭直觉来用双脚轻抚人行道上的城市盲文。受超现实主义者的启发，情境主义者开创出一种在城市里梦游的技巧，他们称为"漂移"（dérive），从字面上可以解释为"漂浮着移动"。他们的想法是让漂移者完全任由城市的街道将自己推来攘去，让自己被人群随意带到任何一个地方，去发现城市里一些他们在"更有意识"或"更清醒"的状态下无法看到的地方。同理，当画家威廉·德·库宁被自己心魔困扰的时候，他会花一整晚在纽约黑漆漆的街道上游荡。他常常会一路向南，最远能走到曼哈顿最南端的炮台公园，然后折返。他常常独自在黑暗中潜行，有时也会与好友结伴而行。评论家埃德温·登比说："当我们一起在夜里行走时，我能听见他用紧张的语气低语着'我画得很艰难，绞尽脑汁，我遇到了瓶颈'。"当我们不再追名逐利时，就可以摆脱瓶颈；当我们以一种刻意放空的状态在街上漂移时，会纯粹为了寻求乐趣而阅读一座城市。

当携带着电子设备在城市中游走时，我们会被自己的数据形成的风暴所包围，就像《花生漫画》里的卡通人物"乒乓"一样（这个人物正好体现出云计算的特质）。作为一个完全被量化了的人物，他所做出的每一个动作——迈出一步、甩一下头，都会聚集起更多可见的灰尘。他并没有行走在土地、草地或是烂泥潭里；

相反，他身上的灰尘是透明的、存在于空气中，与空气完全融为一体。这些灰尘像雪花一样，轻轻地附着在它们所碰到的任何表面上，然后立马又会被拂去。他就是一台无时无刻不在进行着云计算的机器，源源不断地喷涌出一波又一波的灰尘。不管天气如何，他的这一处境都不受任何影响，即便是暴雨也无法将他身上的灰尘冲洗干净。他身上的灰尘就是一个连着网的云，会引起与之接触的人的情绪反应；而他自己就是一个活的社交网络，不断地刺激靠近他的人，使他们产生强烈的反应。灰尘会找到乒乓，就像Wi-Fi信号会搜索附近的智能手机一样。刚洗完澡换上了干净衣服的乒乓，立刻又沾满了灰尘，他对查理·布朗说："你知道我是什么吗？我就是块吸灰尘的磁铁！"

乒乓不管走到哪里都会遭到排斥。《花生漫画》里的所有人物都对他评头论足，指责他在灰尘中自甘堕落，并且还对自己的状况怀有一种享乐主义的快感。他们说他仿佛一座脏兮兮的堡垒一样自私而麻木。但是乒乓却不这么认为，他说他自己身上附着的是"来自数不尽的岁月的尘土"。他巧妙地平息了批评者们的不满，反败为胜，强迫批评者去看到他们原本觉得并不存在的价值。"不要把它们想成是灰尘，"他说道，"把它们想成从遥远的地方吹过来后落在了乒乓身上的尘土。这是很考验想象力的。我身上的泥土也许曾被所罗门王、尼布甲尼撒二世或是成吉思汗踩在脚底下呢！"

在穿行于这个世界时，他将身边发生的事情写进了自己的云当中，将当天的尘土加入到他那已经累积了许多层的历史记录里。正因如此，他同时扮演着地质学家、考古学家和档案整理者的角色。正如将自己的史诗以口述的方式流传的荷马一样，乒乓的身上也携带着一些对历史的记载，这些史料被以他自己独特的口吻讲述出来。作为一个被边缘化的人物，他扮演的是一个"搞怪精灵"的角色，这个与正常的社会行为规范相抗衡的人物，掌管着许多深奥而隐秘的知识。他既是一具肉身，却又转瞬即逝；既无处不在，却又扎根于此。他会出现在一个特定的位置，但又可以同时出现在不同的地方；他会按时间线发展，却又不受时间的影响。他的云是一层薄雾、一种气氛，是一个无法被界定在同一范围内的网络。它既没有开端，也没有尽头：一个脉冲、一段停滞、一束光线、一片疆域。

天生与众不同的乒乓有着强烈的自我形象感。阿兰让他看着一面镜子，试图让他感到羞愧地问他道："你不觉得害臊吗？"乒乓回答说："恰恰相反，我觉得自己从来没这么好看过。"

🐱🐱🐱

几个月后，在一个凉爽的秋夜，下班后的我沿着麦迪逊大道闲逛。我跟在一个女人后面，始终与她保持着几步的距离。这个女人一边疲倦地缓缓前行，一边用拇指滑着她的手机 Facebook 页面。她对周遭所发生的一切视而不见，包括我对她的跟踪和窥视。同许多人一样，她将自己的视野范围扩大，并将余光调整到野生动物的水平，在拐弯的地方和人群一起停下等红灯，一直没有抬过头。红灯变成绿灯后，她穿过马路，既没有撞上任何人，也没有被路肩绊倒。我们一起走过了五六个街区后，我注意到了一个牢牢站在人行道中央发信息的男人。潮水般的行人从他身边涌过，可他纹丝不动，就像一块石头那样站在那儿。对于其他人（大部分也紧盯着自己的手机）来说，他就是一个人形的街道设施，一个公共场所的障碍物。

每个人都待在自己的世界里，但仅仅因为他们没有和街上的人交流就说他们不善交际，这是不公平的。事实上，他们非常热爱交际，但是与他们互动的人身处于不同的地方。他们就像梦游者一样，既不在场，又不缺席。我于是想到，超现实主义者们认为将醒之际是创作艺术的最佳状态，他们会回想起朦胧的潜意识中的那些画面，然后饱含诗意地将它们铺在纸张或画布上。几天后，我同一个朋友一起走在第六大道上。他差点撞上一个"数字梦游者"。"浑蛋僵尸！"他说道。我经常听见人们用这个词来形容这帮人。说得没错，"僵尸"这个词精确地描述了这些数字时代的梦游症患者。僵尸表面上看起来是具有自主性的，甚至还有目的性，但这是一种假象。僵尸根本没有意识，也不会做出任何选择。它们被预设了一种本能，恰好类似于消费者。事实上，僵尸天生就是一群贪得无厌的消费者，它们是一群被重新激活了的尸体，是没有灵魂的行尸走肉。巫术（本身就是一种预设行为）使它们变得迟钝，让它们无意识地将人们生吞活剥。

有人说，社交媒体把我们变成了贪婪的消费主义僵尸。没有什么东西能像社交媒体这样让人如饥似渴地追捧，我们不断地刷新资讯，就像僵尸渴望吃到鲜肉。2015 年 8 月 27 日，Facebook 报道称其单日登录用户数已突破 10 亿人次——而我们当中的大部分人在一天之内会情不自禁地登录好多次。我们每点击一次"状态更新"，就会给作为消费主义者的我们增添一些新的描述，而这些描述，这些互联网急切地收获到的宝贵信息，早已经准确到惊人的地步。爱德华·斯诺登说，如果我们想要防止政府机构搜罗我们的数据，那么我们就应该停用 Dropbox、Facebook 和谷歌，并且去"寻找加密的通信服务"，因为它们"保护了你的权利"。并没有什么人照他说的做，僵尸接受的设定无法被消除。社交媒体的运作方式诱惑着我们，令我们上瘾，使我们成为那些没有社交媒体就无法存活的百万大军中的一员。社交联络、约会机缘、工作机会、与爱人的交流，几乎所有的人际交往都是通过社交媒体实现的。对于大部分人来说，它不是一种选择，而是一种必需品。就连斯诺登都无法抗拒：2015 年 10 月 6 日，连他也开通了 Twitter 账号。

网络空间的很大一部分本就被僵尸所占据着，它们自动生成一些页面，并且诱导我们去点开，有时是为了窃取密码，有时是为了积攒页面来访数以赚取收入。与此同时，网络爬虫（另一种僵尸）在网上四处爬行，尽其所能地消耗着一切数据，囫囵地将一切文件据为己有。他们尽可能把网撒到最大，抓取一切储存在遥远的服务器上的数据、密码和媒体信息，企图捞到什么有价值的东西，并且最终由更多僵尸重新售卖出去。我们在网上的一举一动，都被记录了下来，我们的网上漫游被转化为一个个数据集。我们的网络生活，即我们与他人、与机器之间的互动是每天一场的消耗巨大的数字盛宴。

1978 年，由乔治·罗梅罗导演的电影《活死人黎明》中的僵尸，同样也是一群超级消费者。它们来到一个市郊的商场里，做着购物人群通常会做的所有事——在货架间的过道上漫无目的地闲逛，伴随着超市广播里循环播放的背景音乐，推着自己那装满商品的购物车。作为一群意识不到彼此存在的个体，它们的行为完全不含任何个人目的。驱使它们行动的是对消费的渴望，而此时此刻，它们的消费对象是那些躲在超市里的活人的肉体。这些活着的人也沦为这间无人超市里一排排货架上的货物，任它们随意免费取用。这些从购物车里满溢出来的商品，对这些僵尸来说没有任何实际的用处，对于那些活人来说也是一样。这些被困在超市里的人，既不能拿着闪闪发亮的新球杆去打高尔夫球，也不能穿上这些刚刚抢到手的高档时装去任何富丽堂皇的地方。然而，僵尸和人类双方都被"消费"这种行为给消费了。而这些人类消费者自己则最终会被这些超级僵尸消费者消费掉，被实实在在地"吃"掉。

　　僵尸会像病毒一样进行自我复制。衡量它们力量的尺度与我们的社交媒体账号类似，你的 Twitter 粉丝数量会稳固地朝着一个方向变化，而僵尸的数量也会增强它们的整体力量。它们的力量存在于数量之中：僵尸越多，势力就越强。而我们的力量也建立在数量基础上：我们的粉丝越多，力量越大。当我们得到一个粉丝时，其实得到的不是一个人，而是数字单位上的一个增长。但是，我们的许多粉丝可能其实真是"僵尸粉"或机器人——这些网络程序在行动和交流方面表现得像与我们互粉的人类一样。让我们的等级上升的一个办法就是"买粉"，收购一批"僵尸粉"来代替我们进行消耗。乔治·罗梅罗的购物僵尸用货品填满了自己的购物车，但它们没法使用里面的东西，正如你无法将你下载的数据全部用到。不过，有人可以做到这一点：一些中介会入侵我们的电脑，将这些数据变成僵尸网络（即一大拨僵尸）中的一员，在我们毫不知情时做出一些非法的勾当。

　　我们就是一群行尸走肉，具有被动的攻击性，是一种人与机器的混合体，误以为自己掌控着全局。但事情并没有那么简单。我们会与这些僵尸协同合作，有时是有意的，有时是被迫的，但彼此一直是互相依赖的关系。我们与它们感同身受，也将自己视作它们的一分子，这也许并不算太糟，因为让这一切流通起来的机制——互联网，就是那个最根本的僵尸。互联网似乎比那些不断地席卷着我们的全球性传染病和恐怖主义浪潮更具有弹性。尽管世上存在着极端主义、战争、大规模的人口迁徙、气候变化与经济市场崩溃这些能让脆弱的人体受伤的事件，而不会对人体造成伤害的稳健的互联网，却依旧牢不可破。

🐱🐱🐱

　　19世纪的"都市漫游者"[1]是爱做梦的超现实主义者的一个重要灵感来源。这位悠闲的纨绔子弟与僵尸完全相反。与"漂移者"（情景主义者宣称"都市漫游者"是"漂移者"的前身）一样，他在城市里独自漫步，任由自己被流动在林荫大道上的人群推着走。他的脑海里没有任何目标，观赏着城市的景象，站在路边的树荫下看着眼前发生的一切。僵尸痴迷于消费，而都市漫游者却努力避免消费，他们认为买东西这件事的参与感太强了。相反，他是一位世界一流的"只看不买的消费者"，常在室内拱廊和弯弯曲曲的小巷里游荡，浏览着橱窗里展示的商品。他摆出的是一种故作矛盾的姿

---

[1] 即法语中的"Flaneur"。这个词在法语中意为"散步者、闲逛者"，尤指19世纪的巴黎存在的一些有财力支持而无须劳动的上流闲人。——译者注

态。当别人问起他当天的某个话题时，他会装出漠不关心的样子，表示自己应当回避该问题，只是说一句"我不知道""我无所谓"。都市漫游者例证了一种被罗兰·巴特称为"中立性"的立场，持这种立场的人会故意将自己置于不确定、无力决断的处境之中，让自己处在一种介于两者之间的状态，就像是梦游者、鬼魂、吸血鬼、机器人和雌雄同体的人（都市漫游者通常被人们默认为男性，因为在 19 世纪，女人还无法像男人一样在街上大摇大摆地闲逛）。中立性是都市漫游者抵抗性的核心，他具有强烈的个人主义，拒绝被任何人安排、被征募参加活动或进入任何团体。他对权力不感兴趣，因此没有那种驱使着消费者和僵尸去行动的如饥似渴的欲望。

都市漫游者的精神根深蒂固地存在于互联网的特性当中：我们用"浏览器"来"浏览"网页，在网站之间"冲浪"，带着窥视的欲望在一旁"潜水"。数字空间里的都市漫游者痴迷于查看实时更新的评论，但是他一条留言都不敢写；他浏览着妙不可言的网上商店和市集，却什么都不买；他用谷歌搜索陌生人的信息，却故意让别人在网上看不到任何关于自己的资料。他是一个四处游历的数字漫游者，被自己订阅的内容来来回回地牵着走，漫不经心地点击着，从一个场景切换到另一个场景。Instagram 就是他的罗浮宫，YouTube 就是他的齐格菲尔德 [1]。

---

1 佛罗伦兹·齐格菲尔德（Florenz Ziegfeld，1867—1932），美国的音乐剧制作人，诸多著名的百老汇歌剧的创作者。——译者注

都市漫游者的存在有一种萦绕在四周的、盘旋在半空中的感觉，既看得见又不被注意到，与我们空气中所充斥的 Wi-Fi 信号不无相似之处。他正是马塞尔·杜尚所说的**氤氲**（infrathin）这一概念（介于两种状态之间的状态）的化身。当人们询问杜尚"氤氲的定义是什么"时，他表示这个概念无法被定义，只能被描述出来："（坐在上面的人刚站起来时的）座椅的温存"或是"天鹅绒裤子／（走路时）发出的沙沙声／两腿的摩擦是一种／被声音／单独表示出来的氤氲。"氤氲是刚从激光打印机里出来的纸张上存留的温热，或者电脑发出的风铃般的开机提示音——这标志着电脑从关机到活跃的转变。当作曲家布莱恩·伊诺受委托为 Windows 95 创作开机铃声时，他需要让它符合"乐观、面向未来、充满感情色彩而又动人"的要求。他实现了这个要求并且有所超越，拿出了一曲 3.25 秒的超短交响乐。伊诺这位十分崇拜杜尚的艺术家开创了一个**氤氲流派**——"氛围音乐"，即一种几乎不会被注意到的、萦绕在人们周围的静态音乐，本意是让它起到一种和空气香薰或微调房间光线的玻璃贴膜相似的作用。在我按下发送键时电子邮箱发出的"嗖"的一声和我的手机在按下照相快门那一刹那发出的"咔嗒"声，取代了我的氤氲时刻。这些响声标志着一件事在某些层面上发生了，在另一些层面上却又没有发生。我的邮件被无声无形地发送了出去，我的照片也拍出来了，但并不是以我听到的那种方式拍出来的。这一系列同时发生的矛盾的事物，既和谐共存却又只能两者择其一，既符合逻辑却又荒诞可笑，既存在又缺席，既是天然的又是人为制造的。它们正是弥漫在我们网络生活中的氤氲的种种体现。

都市漫游者伴随着百货商店的诞生而走向了灭亡。作为精品店、拱廊和街巷的产物，他觉得自己在仓储超市这个被限制的范围里不受待见。当他的舞台被夺走后，都市漫游者也就不复存在了。我发现随着网络变得越来越商业化，我已经很少像以前一样在网上闲逛了。网络上出现的僵尸和它们那无耻的行径（例如标题党、垃圾邮件和广告）实在是过于泛滥了，因此，我还是选择一次又一次地回到少数我了解并且信任的网站去。而且我发现，打个比方，即便我点进了 Facebook 上的哪个链接，我也会很快关掉这个窗口回到 Facebook 主页去寻找下一个链接，因为我害怕电脑中病毒。许多年前，我也许还会四处看看，钻到某个网站里一直探索下去，看看里面还有什么。但是如今，来自社交媒体的诱惑一次又一次地把我吸引回去，看着属于我的那个数字都市漫游者徘徊在消失边缘，我心中充满了感伤的怀旧之情。

🐱🐱🐱

很多人为纸质书的消逝而感到惋惜。这些人怀念油墨的气味、翻页的声音，以及将书页折角的小习惯。但是，阅读网上的内容有一种与阅读印刷品中的内容截然不同的实体感。当我点击一个链接，会真真切切地按在语言文字上，在阅读纸书时却不会。我发现，我在阅读网页上的内容时会焦躁地用鼠标扫过正在读的字词，用光标选中它们，边读边摆弄、拉拽这些文字。有时我读纸质书的时候，如果读得特别认真，会用手指滑过正在读的地方。这种停留在表面上的接触，并没有改变我正在读的文字，这与我用黄色荧光笔标记这些文字时所做的真实的修改不同。但是如今，我只须用我的食指指尖就可以在 iPad 上用荧光色将文字画出重点。我在使用信用卡消费后用指头在平板电脑上签名也是一个道理。我不再需要一个作为媒介的工具，我的躯体就可以直接创造或者改变文字。这怎么就没有实体感了呢？就连我用食指和拇指改变图片尺寸时做出的动作也是一种将我与视觉媒体的互动方式实体化的行为。这让我想起一段流传甚广的小视频，里面的小女孩一边懊恼地哭着，一边在杂志中的一张照片上用指头使劲画来画去，试图将它放大。

我们根据自己的形象创造了数字世界。因此，我们可以将网络想象成我们的替身。我们的每一次点击都穿透了它的皮肉，对一段文字进行的每一次"剪切"都是在切割它的躯体。毕竟，我们有时会将页面浏览数量称为"曝光量"或"点击量"，并且依此为网站打分。我们在网上留下的数据痕迹会被记录下来、加上标记并且进行跟踪。这些被刻入浏览历史、云端和数据库的数据，就像这具躯体上的文身一样。人们尝试用各种办法来清洗这具身躯，包括对表面的瑕疵进行整容，以及通过开刀手术对疯狂扩散的癌细胞进行根除——有一些公司能帮你做这件事，比如"reputation.com"，它们的口号是："我们相信个人和企业都有权利掌管自己的网络形象。"欧盟国家的人有权让自己被"遗忘"，在行使这项权利时，你可以把网上的所有关于你的文件、记录和图像都抹去，让搜索引擎找不到你。这样一来，你就可以在现实中存在，但是从虚拟世界中消失，其本质就是造成你的氤氲状态。

这种叠加于两种状态之间的状态，即虚拟与现实并存的状态引发了一场对我们身体与物质世界（一个与现实世界紧密相关的网络空间）的关系的反思。线上与线下的分界线曾经十分清晰。过去，我只有坐在书桌前面对着电脑的时候才算是在上网。上完网，我会关掉电脑，在我家附近的街区散一会儿步，彻彻底底地脱离网络。如今，我不带电子设备就不会出门，当我手持智能手机在街区散步时，还是处于在线状态，同时跨立于现实和虚拟两个世界当中。在过去，人们设想未来会是一种非此即彼的状态。你要么在一个像《第二人生》或其他虚拟现实（VR）[1]游戏那样的密闭空间里消磨时间，要么就不在线。现在，可穿戴计算机、移动传媒和增强现实（AR）技术让我们的身体回归到现实世界的同时，

---

1 尽管 Facebook 已经为虚拟现实公司 Oculus 投入重资，但 VR 技术的黄金时代离我们还很远。在 2016 年的消费类电子产品展览会（CES）举办期间，《纽约时报》报道称："10年之后，我们回首 2016 年时会发现，正是在这一年，VR 技术从一个有着未来色彩的新奇事物转变成了一种主流技术前景。"（来源：法哈德·曼乔，《消费类电子产品展览会展品，那些处在尴尬的不成熟期的技术概念》，《纽约时报》2016 年 1 月 6 日 B1 版。）

依旧保持着在线状态。数字世界与虚拟世界的交会催生了一种"新美学"——这个由英国设计师詹姆斯·布赖德尔在2011年发明的词，既是一句流行语，也是一种艺术运动。诞生于数字文化的模因[1]、图像和想法不再满足于仅仅存在于屏幕之中，它们渗透到了物质世界当中，使自己得以体现出来。可以想一想数字迷彩或者印有"跳舞的婴儿"[2]图案的T恤。这种对现实的轻微扭曲，让我们感到既熟悉又不舒服，它像安迪·沃霍尔的罐头汤一样，体现出我们对待美学的方式的转变。布鲁斯·斯特林由此评论道："要客观看待这些图片。对于一个生活在1982年乃至1992年的人来说，这些图片里的任何一个实体都是无法理解的。看着这些'新美学'图片，那时的人们根本不明白自己看见的是什么。"

有了像AR技术这样的科技以后，地理本身也不再受制于任何单一的、有据可循的、稳定的状态。相反，人们会重新对其进行整合，加上千奇百怪的演绎，让它淹没在无数层具有主观性的数字迷雾之中。这会让景色本身变成一系列有待重新利用和塑造的拼贴元素。我站在我那位于纽约西26街的公寓大楼前，透过一个AR软件去看这座建筑，我不仅看见了它的历史、它的建筑师的

1　模因（meme），也译作米姆、谜米，指一种流行的、以衍生方式复制传播的互联网文化基因。最早出自英国科学家理查德·道金斯所著的《自私的基因》（The Selfish Gene）一书。——译者注

2　一段曾在网上疯狂流传的名为Dancing Baby的视频，内容是一个用3D渲染的跳舞婴儿。——译者注

简介，以及与它相关的城市记录，还看到了其所负载的大量来自一般居民的非官方数据，包括各种关于出生、去世、分手、恋爱和回忆的个人故事。我可以随意查看这些幽灵般的主人公的照片，也可以随时调出这栋大楼的老照片。此外，假如我使用的是这个软件的免费版，我还会看到一些根据定位来推送的广告。这些广告都与我所在的街区有关："位于西 26 街 30 号的希尔县烤肉店为您提供全市最好的得州排骨"以及"第六大道与 27 街的度恩里德药房剃须用品今日特惠"。

正因如此，21 世纪本身就显得既可见又不可见，如果你只看事物的表面，那你就看错了地方。把我们带进现实的正是混有看不见的东西的物质世界。这种看不见的东西，即**氤氲**，由我们手中的小小电子设备和渗透在空气中的厚重的数字迷雾呈现出来。也正因为这样，网络与现实空间之间的界限的瓦解，成为一座里程碑和一个转折点，这都向我们昭示着：当我们向别处张望时，文化，以及人们产生和接受它的方式，早已在我们的脚下发生了巨变。

🐱🐱🐱

清醒与沉睡这两种状态在城市的街道错综复杂地交织在一起，使得这里处处弥漫着超现实主义的气氛。我们时而紧握手机在人

09

Sep / 2017

未讀
UnRead

「 未读之书，未经之旅 」

海洋中的爱与性

49.80 元

[美] 玛拉·J. 哈尔特

2017-08

美国龙虾的尿液是强力春药，银汉鱼喜欢上演五十度灰的戏码，庞大的灰鲸会憋着气在水下进行 3P 大战……以拟人化的笔法和科学严谨的写作，带你进入海洋动物咸湿而狂野的情爱世界。

探险家的传奇植物标本簿

188 元

[法] 弗洛朗斯·蒂娜尔
雅尼克·富里耶

2017-05

揭秘改变世界的传奇植物发现史，讲述植物与探险家之间不为人知的故事。超大尺寸、文物级珍贵植物标本照片，英国皇家植物园（邱园）鼎力支持。《博物学家的神秘动物图鉴》同系产品。

信息图系列

128 元 / 128 元 / 108 元 / 128 元

食物信息图 / 宇宙信息图 / 足球信息图 / 人体信息图

2017-04

一套用信息图形式创作的趣味百科，让统计变得有趣，让数据变得好玩，让知识像胶水一样黏在你的脑海。精装全彩，开启全新阅读体验。

发现珍稀宝石与矿物

199 元

[加] 金伯利 · 泰特

2017-08

把一座纸上地质博物馆搬回家，权威著译者，400 余幅写真美图，呈现 260 种地下奇珍的传奇容貌与身世。宝石猎人的实用寻宝图鉴，地质爱好者的审美盛宴。

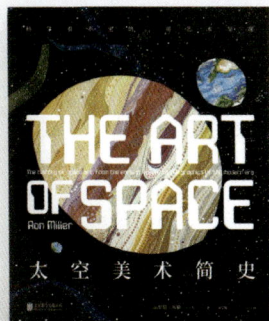

太空美术简史

199 元

[美] 罗恩 · 米勒

2017-09

天文知识和宇宙幻想的视觉再现。艺术、科技、历史、文化完美交融，太空时代人人都要读的综合审美读本。精装大开本，350 余幅太空美术代表作。天文爱好者、艺术爱好者和科幻迷必藏精品。

国家地理终极观星指南

68 元

[美] 霍华德 · 施耐德

2017-08

美国国家地理出品。天文知识 + 观星技巧 + 器材建议，小白观星入门上佳之选，适合随身携带的天文指南，《天文爱好者》杂志专业推荐。（附赠 PVC 防潮书皮）

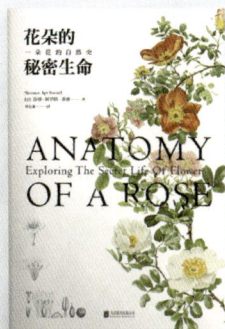

花朵的秘密生命

49.80 元

[美] 沙曼 · 阿普特 · 萝赛

2017-07

畅销全球 16 年自然科普力作，一本翻开就能闻到花香的书，一次绚烂花田里的徒步旅行。作者综合植物学和科学史，以生动优美的诗意文字，探寻花朵不为人知的记忆与感知，再现植物世界令人惊叹的自然史。

不一样的小孩系列

莱瑞就是不一样 / 会催眠的哈利 / 求你了！让我读完吧

39.80 元 / 39.80 元 / 42 元
2017-07

源自哈佛等国外先进早教经验，针对即将或已经入园的 3-6 岁孩子，在面对新环境时可能出现的各类"问题"，专家级绘本作家联手献给孩子的入园礼物。不盲从的莱瑞、不愿被管束的哈利、不想被打扰的小书迷……他们就是要跟别人不一样。

丛林妙想

[法] 托马斯·思科图 / 著　[法] 阿诺 / 绘

128 元
2017-08

360 度旋转全景手工立体游戏书，法国著名立体纸艺设计师给孩子的现代审美。自己动手做出好玩的玩具、得意的艺术品。组装童年梦境，唤醒儿时记忆。

他们都看见了一只猫

[美] 布兰登·文策尔

42 元
2017-03

2017 凯迪克银奖、纽约时报畅销书，美国青少年图书馆协会选书。描绘了一只猫眼中的全世界和全世界眼中的这只猫。

行道上匆匆走过；时而进入一种做白日梦的状态，低头盯着屏幕在车流和人潮中缓缓而行。然而，就在这熙熙攘攘的大街上，在我们所处的繁华都市景象中，还真的有人睡着了。有一天，天色已晚，我走在百老汇大街上。在一扇面向街道的巨大厚玻璃窗后面，一个守夜人睡得正香。我站到了他的正前方，这让我的妻子感到很不安，因为我和这个守夜人之间真的只隔着一层几厘米厚的玻璃。我问她为什么不安，她答道："你可能会把他吵醒。"我反驳道："但他在公共场合公然睡觉。"他被围在玻璃里面，看起来异常平静，让人觉得没有什么能把他弄醒。我忽然发现，这块尺寸比例接近于电脑屏幕的玻璃把这人变成了一个二维图像。在逆光下，他看起来像是被压扁成了一张 Jpeg 格式的图片。玻璃上的反光和守夜人那扁平的影像造成了一种奇妙的认知失调，让我觉得自己仿佛置身于《侠盗猎车手》中那个虚拟世界里，而非纽约城里铺满沙砾的街道上。我用手机对着他抓拍了一张照片。我凝视着这张自己刚拍下来的 Jpeg 格式的图片，意识到这个守夜人现在算是确确实实地被压扁成一张图片了。我把"他"揣进兜，离开了那里。

我妻子的焦虑来自一场"公共"与"私人"之间的微妙的博弈，它常发生在人满为患的城市的街道上。当我俩与朋友一起走在第五大道上，会光明正大地大声谈话，像是漫步在一条与世隔绝的乡村小道上。然而，我们当中有很多人喜欢偷听街上的对话，放松地走在这些陌生的叙事者前后，保持着两步的距离，走过一个又一个街区。我们也会偷听那些对着耳机喊叫的人所说的话。在过去，只有醉汉才会自言自语；而如今，在人行道上边走边滔滔不绝地发表大段独白的人不绝如缕。

在公共场合睡觉是一种奇怪的行为。"任何奇怪的行为都会被默认为一种威胁，"关于城市生活，保罗·奥斯特这样写道，"大声自言自语、抓挠自己的身体，以及直视别人的眼睛皆属此列。这些反常的行为会引发敌意，你身边的人甚至会以暴力来回应。你不能招摇过市，不能欣喜若狂，不能抱着墙壁不放，也不能唱歌，因为以任何形式出现的不由自主和丧失意识的行为都会招来注视、贬损，甚至有人会照着你的小腿肚子踢上一脚。"要不然，人们就会对这些动作表示冷漠，认为这种人疯狂而危险，与他们的任何互动都可能导致难以预料的后果。在街上四处蔓延的流浪汉则展现出一种消极与攻击性的结合：他们四仰八叉地躺在人行道上在人群中睡觉，然而他们也会在角落里行乞。通过结合这两种动作，他们造成了双重威胁，使得我们在经过他们身边时视而不见。当面对人山人海的麦迪逊广场花园致辞时，教宗方济各说道："在大城市里，在车水马龙的轰鸣之下，在节奏飞快的变化之下，许多由此经过的面孔被无视了，因为他们没有在此的'权利'，无权成为这座城市的一分子……这些人站在我们的林荫大道的路边，站在大街上，站在震耳欲聋的默然无声之中。""震耳欲聋的默然无声"这个以矛盾作为修辞手法的词，与伊诺的氛围音乐（不被听见的音乐）和杜尚的氤氲（不被注意的现象）如出一辙，它准确地描述了在两种状态之间摇摆不定的流浪汉的处境——看见他们虽令人心痛，看不见他们却也很容易。

我走进地铁车厢里，看见了一个熟睡的人。他没有平躺着，但是四肢摊开，占了好几个座位。他没有散发出臭味，还穿着相当干净的西装。他没有说梦话，也没有咕哝，只是斜倚着，上身挺直，除了他那随着列车行驶的惯性不停摇摆的脑袋。他不是一个危险的人，而是一个睡着的人。尽管车厢里很挤，但是没有人愿意靠近他。说来也奇怪，几乎所有的人都挤在车的另一边，目不转睛地看着自己的电子设备，戴着耳机，处在一种（在超现实的意义上）会被布勒东认定为彻底熟睡的状态。尽管这个真正睡着的人旁边还有几个空座，但是这些行尸走肉似乎并不想靠近这位货真价实的熟睡者。我看着这两者，觉得他们都在以自己的方式，在"震耳欲聋的默然无声"中做梦般地穿过这座城市。

有时候，我会去皇后区的一家很大的韩国水疗院。那是一个很不错的热闹场所，有各种各样的浴池和桑拿房。一到周末，这里会格外拥挤，到处都是一个个的家庭：吵闹的孩子从一个池子跑到另一个池子，兴奋地叫唤着。在嘈杂与混乱之中有一个公共睡觉区，它与餐厅之间仅仅隔了一道低矮的石膏墙。这是一块很大的区域，里面遍布着男女老少的身体，大部分人都穿着短袖、T恤和泳衣，所有人都睡得很香。这里总是人满为患，睡觉的人紧挨着彼此，直直地躺着。在生活中看见那些在醒着的人中间做着美梦的人，总是让我觉得不真实而又美妙。

午夜已过，当我看完那个在玻璃窗后面睡着的守夜人后走在回家的路上时，我决定"入侵"别人的私人领域。一个女人站在一间酒吧外面发着信息。街道上空无一人，我慢慢向她靠近。我像僵尸一样缓缓朝她走去。我能感觉到她在用余光偷看我，但她没有躲闪，于是我凑得更近了些。她站在原地，直到后来，我几乎与这个完全陌生的人肩并肩站在了一起。这要是在以前，她可能会害怕、离开，甚至会叫警察。但是现在，因为我们手里都拿着手机，她也不觉得我是个威胁。僵尸不会害怕其他的僵尸，她知道我是她的同类，但比起消费她，我对消费自己的手机更加感兴趣。

03

浏览记录是我们新的回忆录

　　超现实主义者都拥有一种写作技巧，他们称之为"自动写作"。在进行"自动写作"时，诗人或小说家会坐下，把笔尖放在纸上，不假思索地动起笔。作者们用手写着，对自己写出来的词的含义浑然不知。手还在自动书写着，很快，假如写作者真的做到了放飞自我，单词就会从他们的潜意识深处源源不绝地流淌到纸上。超现实主义者的观点是：词总是有含义的，因此如果你能抛开意图，词义就会被保留下来，只不过大概与你设想的不同罢了。

　　他们向 19 世纪的招魂术士借来了这一术语。这些招魂术士在把逝者的声音传回人间的同时会将他们接收到的词句转录下来。最著名的自动写作作家是名叫珀尔·柯伦的美国人。从 1913 年起，她开始从自己的通灵板[1]上收到一个来自 17 世纪英国的、名叫"佩欣丝·沃思"的灵魂发来的信息。柯伦会坐在通灵板前,一个字母接一个地接收沃思的想法,然后写到纸上。这些"信件"来得越来越快,柯伦已经写不过来了。她离开通灵板,发现自己不靠这种仪器也能召唤出沃思,从此以后,她只要坐下来复写(开始是用铅笔,后来是用打字机)自己脑海中同步出现的沃思的词句就可以了。当通灵结束时,她写出了一篇超过 40 万字的文学作品。

超现实主义者和招魂术士可以在拉伯雷的《巨人传》中的一段情节里找到共鸣。这段讲的是"被冻住的声音"——战役发生在一个极其寒冷的地方,声音都被冻成了冰,掉在地上。这些结冰的声音无声无息地躺在大地上,直到春天来了才开始消融。它们被太阳融化了,融化的过程一片混乱,颠三倒四,产生了一种由毫无意义的声音组成的刺耳杂音。网上的大部分词句和想法也同样被冷冻并且储存起来以备日后使用。当有人使用搜索引擎查询到它们时,它们就会融化。数学家查尔斯·巴贝奇认为空气本身就是一个庞大的远程储存设备,认为它是"一个浩渺的文库,人类说过的所有言语和悄悄话都被永久地写在里面",这与我们对云存储的认识没什么区别。巴贝奇的模型的问题在于,存储在空气中的词是无法被下载下来的。把要查询的内容敲进谷歌的搜索

1　通灵板(Ouija board)是一种欧美占卜活动中可能用到的道具,通常包含一块写有字母和数字的木板,以及一块很小的三角形或心形的乩板(planchette)。——译者注

栏和巴贝奇的空气理论是一个道理，只不过对于前者，那些既有的词句和想法不仅被储存在上面，而且可以在需要时随时调取。

通灵板是人与机器的结合体，我们甚至可以把它当作与互联网类似的东西。板面是界面，乩板就是鼠标，而灵魂世界就是网络，它与现实世界的界面接口正是使用通灵板的人的身体。乩板会放大人们心里的想法以及肌肉系统产生的微小动作，这就是通灵板的原理。这种现象被称为"念动"，也就是那种会在你伸出手臂、手指上悬着一根绑着挂坠的绳子时发生的事情。只要你一想到圆圈，你的手就会因此轻微地画圈；而反过来，挂坠也会以一种夸张而可见的方式做圆周运动。同样，当我们使用鼠标时，幅度很小的动作也会被放大，不论是在屏幕上（比如移动鼠标）还是在网络上（比如用鼠标点击"发送"）。凭空出现的文字和邮件会以实体的方式呈现在我们的屏幕上，而与之类似的过程还有下载 PDF 文件或者把它打印成一沓纸。

我们能否将浏览网页看作另一种自动写作呢？当我们在网站之间来回查看的时候，我们的行程被一字不差地写进了浏览历史记录里。这是一种纯粹的自动写作，一种书写写作本身的写作。打个比方，我正在为一篇写了好几周的文章查找资料。找到能真正让这篇文章具有说服力的零零碎碎的论点十分不易。突然，我想起几天前在网上读过的文章里的一段话，而它正是我要找的东西。我试着用谷歌搜索它，但是那个想法太贴近我的报告了，而用来描述它的语言又太常见了。我搜出的结果有许多页，却没有任何进展。我忽然有了一个点子：查看我的浏览历史记录。我点开它，往前翻了好久，找到了我要找的那个网页。但是，就在我翻看着我的历史记录时，我眼前闪现出过去整整一周当中发生的事情。这有点让人难为情，但是它是我生活的全部，一切让我思考、好奇、生气或是渴望的事情一一罗列在我眼前。这些东西大部分早已被我忘记了，包括从来没做过的晚餐的菜谱、一双我发现原来那么昂贵的鞋，以及紧随其后的一次搜索——我尝试寻找能便宜点儿买到这双鞋的地方。我看到了我在 Facebook 上暗中观察的人以及在 Vimeo 上看的视频，还尴尬地发现自己在一周中曾那么多次在谷歌上搜索自己。因为我在网上花了太多的时间，我差不多能以特别细致的方式重塑我一整周的生活。我们是否能将自己的浏览记录看作一种在无意识的状态下不费吹灰之力自动写作出来的新型回忆录呢？如果你想知道关于我的一切，想知道我在想什么、我对什么感兴趣，想准确地知道我干了些什么，又即将去做什么，那就查看我的浏览记录吧。我的热情、憎恶、心动、希冀——我的精神生活和感情生活全都摆在我眼前。它以令人难堪而又丰富多彩的方式记载了过去许多年里发生的事情。

我的搜索记录详细得令人吃惊，比如说，据它显示，在上周五的上午 11 点到 12 点之间，我查看了 42 个网页。而且，如果把它们串联起来，我完全能够重现我当时的所做所想，以及在那一个小时内我的思维所遵循的联想规律。而这还仅仅是我用电脑上网的时候干的事。谷歌浏览器还显示了我用手机和 iPad 上网的移动端浏览记录，一个点击都没有漏掉。谷歌邮箱准确地记下了所有我在社交媒体上说的话、点的赞，以及发表的评论。如果我把自己在那一个小时里发的短信也加进来，然后把这些记录视为一个整体，那么我就可以重塑出一幅相当准确的自画像。即便时间上有一些空隙，只要看一眼被浏览记录记载下来的网页的内容，我就能回想起一连串的事物，从而能够回顾当时的思路并且让记忆重现。

佛教中，禅修的人会借助一种被称为"默念称名"的方法。每当有一种情绪升起时，他们都给它标上一个名称：恐惧、喜、哀。他们还会用名称来标记各种触感：冷、暖、重。他们认为，为情绪命名能够把它们固定下来，从而让入定的人专注于当下。这也能让禅定的人不受情绪的控制，防止情绪过于强烈，扰乱禅定时的平静心境。"称名"是一种让不可见的东西显现出来的办法，它可以把转瞬即逝的东西凝固下来。我们的浏览记录在做的正是这样一件事。不但如此，它还将这些飞逝的数据痕迹归档，并为其加上了时间标记。

我们的浏览记录还可以被视为一本剪贴簿，一篇图文并茂的旅行游记。50 年前，威廉·柏洛兹[1]将剪贴簿当作帮助他写作的记

---

1 威廉·柏洛兹（William S.Burroughs，1914—1997），美国作家，"垮掉的一代"代表人物之一。——译者注

忆工具。每当在报纸上读到一些段落，让他想起自己写过的东西时，他就会把这段剪下来贴到剪贴簿里，并在旁边加上自己书中对应的文字。有时他走在大街上，看见某一幕场景，令他想起自己写的东西，他也会把它拍下来，把照片和自己的文字一起贴到剪贴簿里。他说："我不断地练习这个被我称为'时间旅行'的技能，即标记时间坐标，例如我在火车上拍摄了什么，我当时在想什么、读了什么、写了什么。一切都是为了看看我能将自己多么完整地带回到过去的某个时间点上。"像许多超现实主义者使用的技巧一样，将彼此相关的独立事物并置在一起的行为，就足以在柏洛兹的脑海里激发出一连串能够引发丰富联想的想法和回忆。

类似的想法（数字式和模拟式）还出现在了两本写于17—18世纪的著作中。这两本书在内容和形式上都不可思议地令人想起泛滥的博客和活跃的社交媒体。一本是《佩皮斯日记》，由塞缪尔·佩皮斯[1]在伦敦居住期间写成。1660年—1669年，佩皮斯在伦敦度过了九年时光，他将自己的生活细节和那个时代发生的事情都写了下来。这本日记总字数超过100万字，是对17世纪日常生活的最佳记述。一读这本日记，你就会被带回到三个多世纪以前。里面不仅包含着对历史事件（例如大瘟疫和伦敦大火）的第一手报道，还充斥着大量精彩的个人不雅细节，例如他对朋友的议论和对女

1　塞缪尔·佩皮斯（Samuel Pepys，1633—1703），英国作家和政治家。——译者注

人的追求。这些细节的大部分被作者用一套速记符号和多门外语进行了加密。另一本书是詹姆斯·博斯韦尔写的传记《塞缪尔·约翰逊的生活》，这本书也用零零散散的细节向我们展现了作者的生活和他所处时代的状况。这是一个由日常生活中零七碎八的、稍纵即逝的事物——信件、观察得出的评论、对话片段、对日常生活的描述累积而成的大部头。这本书从 1763 年即约翰逊 54 岁时写起，因此虽没有完整地写下他的一生，却详尽描述了他人生中最后的 21 年。

在这一时期，约翰逊与一位名为赫斯特·斯雷尔的女性成为挚友，这位女性的年龄只有他的一半，但是才智却与他不相上下。尽管他们始终保持着柏拉图式的友谊，但还是让博斯韦尔心生妒意。在约翰逊死后的第七年，博斯韦尔出版了他这本厚重的传记（我手头的版本厚达 1500 多页）。而当斯雷尔女士看到这本书时，博斯韦尔误解的严重程度使她大吃一惊。她开始在自己手上的那本书里的书页空白处写下修正意见和评论，例如"真荒唐""我不记得有这样的事"，以及"约翰逊绝不高兴听到别人这样说他"。当她完工后，手上的这本书里被她批下了几千条评论和注释。她疯狂地把这些批注一字不动地誊写到一本又一本书上，产生了一小批手抄本。在她去世后，这些被她批注过的书很多都流了出去。其中一本被带到了波士顿，落到了一位女诗人艾米·洛威尔的手中。她会和她的朋友一起整晚对着斯雷尔的尖酸评论捧腹大笑。斯雷尔对博斯韦尔的言论攻击，不论是语气还是所包含的攻击意味，都令人想起网络上爆发的骂战，而她将自己批注的《塞缪尔·约翰逊的一生》自出版的行为，则类似于现在的"按需印刷"。

如果我们可以看到佩皮斯或约翰逊的浏览记录，你能想象出它们会是什么样的吗？尽管如斯雷尔女士指出的那样，这个由小细节交织而成的人生叙述，是建立在选择性记忆和主观偏见上的，但正是这些特征让这两本著作具有了不凡的文学魅力。我激动地想着，会不会有一位现代的佩皮斯或博斯韦尔将各种浏览记录积攒成一部传记或回忆录呢？同样，我们是否能将 Facebook 想象成一个集体撰写文化自传的伟大实验呢？社交网络以一种前人无法想象的规模给未来的社会学家、历史学家和艺术家提供了一份关于某一特定时刻的人类文明的详尽描述。这个时代画像光彩夺目，但老实说也丑陋至极。

在互联网时代的初期，当社交媒体还没出现的时候，我的一个学生会将想记住的东西用邮件发给自己。这些东西可以很普通，比如一双喜欢的运动鞋；也可以很深刻，比如一个哲学观点。多年以来，他不曾看过那些邮件，但他还一直坚持把喜欢的东西发到自己的邮箱里。为了完成我的课程的期末考试，他回溯到自己开始这样做的头一年，然后把那些邮件全部收集起来，用一个排版设计软件将它们罗列出来，然后用其出了一本按需印刷的图书。他以 20 世纪 70 年代的励志畅销书——休·普莱瑟的《写给自己的话》来为这本书命名。尽管除了他自己以外，没有人会对这本书感兴趣，但是他还是会当成日记一样珍惜它，把它视作一个时间流逝的实体化身，而且其产生过程既不费劲也没有什么意图。他计划着把每一年的邮件都打印出来，集成一套，以一年为一卷，成为一部自动写作出来的规模巨大的自传。从创作的角度来说，这种疯狂的积累细节和数据的做法是值得庆贺的。大量的网络语言对文学创作来说，正是完美的原始素材。网络语言可以被析取、压缩、剪切和粘贴，最重要的是可以被存档，因此很容易就能被重新拼贴为艺术作品。

🐱🐱🐱

那是一个美好的初夏傍晚，我们一帮人站在某个露台上喝着小酒，从那里可以远眺亚得里亚海的达尔马提亚海岸，风景美得令人心潮澎湃。天色已暗，我能看见脚下小镇的轮廓与怪石林立的海岸线交融为一体，被一串路灯映衬得更加清晰。我能隐隐望见远处漆黑的山脉，它们蜿蜒入海，墨色的夜空中缀满繁星。就在我们这群人各自聊天、喝酒、发信息的时候，一轮巨大的鹅黄色的月亮爬到了远处的山顶上。这一幕令人叹为观止，随着月亮逐渐攀升，这群人安静了下来，只有一个人除外，他还紧盯着自己的手机，沉浸在和他女友的短信交谈之中。我们看看月亮，又看看这个男人，目光在二者之间徘徊。我们不敢相信他竟然将注意力放在自己的电话而非眼前的瑰丽景色上。我们几个站在日本古代诗人松尾芭蕉的立场上："俳句就像一个指向月亮的手指。如果这个手指上戴了首饰，我们就看不到月亮了。"而他则代表了 F. T. 马里内蒂的立场："让我们杀死月光吧。"最后，有人叫他抬头看看，而他的回答是："我什么时候都能看月亮，而我只有现在能进行这次对话。"

他的话让我产生了犹豫。他说得没错，为什么人们会觉得赏月色比看手机更加"注重当下"呢？一段特定的短信交谈只会发生一次，而虽然这样非凡的月色不太常见，但是自然现象确实会反复出现，只要等的时间足够长，你就能再一次看见绮丽的月出美景。我突然意识到，我们活在当下，他也是一样。并不会因为我们的"当下"与自然有关，就比他的"当下"要好，只是两者有所不同。这让我想起一篇关于正念练习的文章，它讲道："佛教文化里的正念，并不是为了让你一个小时接一个小时地、舒服地盯着自己的电脑，也不是为了让你'进入状态'……正念，是要让我们认识到人的处境。"但是，在"超实时"中度过无数小时的程序员，不是也随时都会进入"行云流水的状态"吗？开一个小差，就会导致他们按错一个键，进而将整个程序搞砸。我还认识和程序员一样专心的排版工人、平面设计师、油画画家、音乐家和插画家。事实上，我想不到有哪个在电脑前工作的人不是紧盯着屏幕且专注于当下的。至于我们的这位发短信的朋友，用一个科技设备来和爱人进行一次深入的交谈，怎么就不能认识到人的处境呢？

全神贯注在当下，恰恰是你在加载一个网页时所做的事。网页并不存在，它们是在你点击鼠标的瞬间即时生成的。它们会显现片刻，然后在窗口被关掉的一瞬分散掉，直到再次被访问时才重新出现。一个网页是由来自各种地方的一系列不同代码组成，这些代码有时候来自同一个服务器，有时候则是从地理上相距甚远的地方调取而来。这些代码将图像、RSS 订阅内容、CSS、样式表，以及其他代码组件提取过来，组成一个暂时性的群集，以一个有整体性的网页的形态显示在你的浏览器上。在一个动态的网站当中，比如说在社交媒体或新闻网站上，这些集群会经常刷新，在短短几秒钟之内就能变得完全不同。"辩证星座化"[1]这一概念来自瓦尔特·本雅明。他论证道："我们要研究历史，就必须将一系列复杂且动态的理论体系凝结成一个静止的时刻。"当这个被本雅明称为"**星座化**"的过程发生时，"并不是过去照亮现在或现在照亮过去，而是彼时与此时如同一道闪电般在这个画面中汇聚成星丛"。这句话很恰当地描述了你点击了一个链接后即时生成一个网

1　即"dialectical constellation"。上文中的群集即"constellation"，根据语境取其另一个词义。——译者注

页的过程。达达主义诗人拉乌尔·豪斯曼在他 1920 年写作的《现代主义 [1] 宣言》里留下了类似的话："把每一秒里的可能性和已知事实压缩成有形的能量。这是智慧。没有什么永恒，让我们把握住今天的每一秒钟！"

本雅明还写道："记忆不是用来探索过去的工具，而是用来放映过去的剧场。"如果记忆仅仅是一个用来上演发生过、却无从准确而真实地回忆起来的事的舞台布景，那么当演出结束时，舞台上的这些道具肯定要被收纳到别的地方去。在 21 世纪，这个地方就是网络。通过将自己的记忆以永不消逝的照片、视频和不断更新的状态等形式大块地移交给网络，我们创造了一个记忆库，其中的细节远比我们的大脑所能回忆起来的要多。随着"超真实"记忆诞生（一个通过文件资料实现的全面回忆），人们不能再为了诗意而违背现实或是有选择性地记忆，而这正是一些西方文明的伟大作品（我脑海里浮现出普鲁斯特和纳博科夫）的根基。相反，在信息过剩的时代，我们发现自己处在一种"定向遗忘"的境况之中，这种有选择性地将过时的和不重要的信息遗忘的行为，其目的是清空我们的大脑硬盘，从而为录入新的信息腾出位置。像监控摄像机一样，信息在被录入电脑后，很快就会被擦除，使得我们一直处在豪斯曼的现代主义所说的永恒状态中。

---

1 即"Presentism"。现代主义者认为未来与过去都不存在。——译者注

很多人把失去"真实的时刻"归咎于人们将重要时刻捕捉到屏幕里的行为上，并且断言道，在事件发生时把它们录下来可能会取代你对那个时刻的真实记忆。我读过的许多文章都提到，家长对于自己的孩子透过 GoPro 相机观看家庭聚会而非真实地体验聚会这一事实感到惋惜。在滑雪场上玩了一天后，他们会把原始的影像素材编辑成充满刺激的精彩瞬间集锦，然后发到社交媒体上，与朋友分享，让他们评论，将他们在山上度过的时间进行了超级延伸。对于在电视真人秀面前长大的一代人来说，能够在一个具有介导性的界面上一次又一次地重播那些重要时刻，是一种重复体验永恒当下的方式。这种当下会被喜爱一阵子，接着被第二天上传的内容所取代。这样一来，我们在存档的同时也在遗忘：存档是因为我们不断地往社交媒体上传东西，而遗忘则是因为我们很少会回顾以前上传的东西。今天上传的内容就是最好的内容，它让我们全情投入于当下，专注于此时此地。

对于把回忆外包给网络（也就是"数字痴呆症"）的恐惧在古时候就有类似的先例。柏拉图就曾对口头语言向书面文字的转化而忧心忡忡。他害怕把东西写下来的人会不再使用他们的记忆力，从而导致健忘——这些人会依赖外化的图形符号，而非自己内在的记忆能力。他嘲笑写作是一种**药**（pharmakon）、一种替代品、一种对说话的低劣的模仿。他害怕写作会使知识固化成信息。由于没有人把它说出来，而且没有人为知识说话，所以写作会将智慧变得没有人味儿。柏拉图觉得说话很清晰，说话者必须全神贯注地投入当下；而写作却很模糊，并且要建立在写作者不在场的基础上。记忆是内在的，写作是外在的；说话传递的是知识的核心，写作传递的是其外表；说出来的话是有生命的，写出来的字却是毫无生气的。在数字时代，我们也能见到同样的恐惧。有研究显示，大部分人都很愿意将网络用作自己大脑的一种线上延伸，半数的人承认，他们用手机取代了记忆力。

弗洛伊德曾提出了可重写记忆的理论——1925 年，他用一个被他称为"神奇写字板"的儿童玩具来形象地描述人类意识的构造。这个写字板由三层材料组成：最上面是一张塑料膜，中间是一层纸，最下面是一层蜡。当你用一根触笔在纸上写字的时候，你会同时在纸和蜡上留下印记。但是当你把纸掀起来时，纸上的字就不见了，而蜡上的印记却被永远地刻在那里。弗洛伊德用这个示意图来比喻记忆力的工作原理：触笔是来自外界的刺激，塑料膜和纸是两层意识，而最底下的蜡板就是潜意识，也就是储存印记的地方。如果将这个比喻用作对数字时代的模拟，那么触笔就是我们下载的材料（数据），纸和塑料膜就是我们正在使用的数据（随机存取存储器，即 RAM），而蜡板就是我们的硬盘或云计算的深度储存器（只读储存器，即 ROM），尽管不是肉眼可见，但是也能在需要时被查询到。纸和塑料膜是动态的、可重写的，而蜡板上的东西却只会日积月累地增加。

有两种看似相互矛盾的衡量在网上消耗时间的办法：一种是档案性，另一种是超实时性。有多少次我们在冷笑地看着别人分享了在一个月、一周、一天或一个小时前就被人上传过的内容？社交媒体的架构强调其时效性。Facebook 的网页界面把每一条链接都变成了一个实实在在的报纸头条。一张封面图片，下面是一行巨大的标题，标题用的是一种带衬线的字体，让人想起 Times Roman 字体。标题下面是一行描述性文字，用的是比较小的无衬线字体。再下面是来源网站的名称，尽管字母全部大写，但是字体颜色浅一些。整个链接被一条只有一个像素宽的细线框起来，使它看起来就像是报纸上的一条新闻。因此，这就使得发布到 Facebook 上的每个链接，无论大小、无论琐事或要事，都让人感觉是一则重大新闻——熊猫无聊艺术博客网和《华盛顿邮报》在分量上并没什么差别。社交媒体的独特之处在于它的具有消除差别的特征：每个呼声都有相同的力度，每一个链接都在呼吁人们马上行动。我们与它难舍难分，因为在你眨眼的一瞬间，就可能错过了一件大事。

速度越快，时间越慢。在这种动态之下，我们同时也在将每个网页的元素归档进我们的浏览器的存储空间里。同样，当我在阅读一个电子设备上的内容时，我的每一个动作，从我翻页的次数到我阅读的速度，都被记录下来并被发送到一个数据库中，将转瞬即逝的阅读经历变成了量化的东西。自动网络爬虫也在不断默默地阅读着网络中的内容。对于这群史上最贪婪的读者来说，阅读其实是一种归档行为，因为他们毫无选择性地将所有单词编入索引，根本没有在"阅读"任何内容。网络生态在最前沿与永久之间摇摆不定：你可以想想那些为学术会议或者结婚而建立的网页，而今会议早已开完，婚姻也已破裂，可网站却依然存在，只有网络爬虫会偶尔访问它们。

尽管我们误以为事物都变快了，但其实它们到达了一个静态的点、一种停滞的状态。技术理论学家保罗·维利里奥断言道："惯性与绝对速度之间有着明确的联系，绝对速度基于停滞状态，而停滞又是绝对速度的结果。绝对停滞——可能——会导致绝对停滞。"随着光纤宽带的诞生，信息的传播达到了光速，加速主义突然达到了速度的极限，继而停止加速，相反却达到一种静态，这标志着关于速度的技术叙事的结束，以及另一种叙事——信息熵的必然开启。

04

文件归档是新的民间艺术

　　关于安迪·沃霍尔的全部事迹中，有一个鲜为人知的事件是1969 年他在位于普罗维登斯的罗得岛艺术博物馆组织的那场名为"袭击冰柜"（Raid the Icebox）的演出。事实上，我书架上的沃霍尔写的书或者关于他的书没有一本提到过这件事。这之所以匪夷所思，是因为他在媒体闪光灯下作为名人走完的一生，不应该有任何一分钟被遗漏掉。

　　追溯到 20 世纪 60 年代，那时的沃霍尔穿梭于各种富翁交际圈，他最大的赞助人约翰和多米尼克·德·梅尼尔与罗德岛设计学院的年轻院长丹尼尔·罗宾有着密切的联系。当罗宾试图为博物馆筹集资金时，他带着德·梅尼尔参观了博物馆巨大的储藏室，在那里，他们为渐渐从大众眼皮子底下消失的宝藏而感到惋惜。许多物件都破旧不堪，所以他们策划了一个筹资计划，邀请了一名嘻哈艺术家来馆内组织一场演出，于是他们选择了安迪·沃霍尔。他们完全不知道将会发生什么，总之，这是一次彻底的大灾难。

沃霍尔对待博物馆就好像是在跳蚤市场里大血拼一样，抢夺了所有能拿的东西，包括雨伞、毛毯、篮子、椅子、画、陶器，然后将它们随意地陈列在博物馆里。像在旧货铺里一样把所有的画堆放在一起，在小陈列室里塞满了陈旧的鞋子，神似伊梅尔达·马科斯[1]的鞋柜；天花板上悬挂着19世纪的遮阳伞，既像一只沉睡的蝙蝠，又似一个超现实主义的组合艺术品；殖民时代的椅子并排着，好似咖啡馆即将关门时的场景；色彩缤纷的印第安纳瓦霍毛毯像在公寓商店里售卖那样摊放在廉价的桌子上，桌子下面胡乱扔着毯子的包装盒。而这仅仅是个开始。

博物馆管理员认为沃霍尔非常不尊重他们的藏品。他们认为他选择的这种方式非常懒散，而他的演出也很荒唐。除此之外，沃霍尔还要求全部展览必须使用赝品。他指着塞尚的静态生活画说："如果这是真迹，我们不会买它。"他们认为沃霍尔根本是个无知的骗子，在公众面前的形象全是装出来的。人们往往都是事后诸葛亮，在接下来45年里，艺术界将会参照沃霍尔的视角来赞

1　菲律宾前第一夫人，生活奢侈，爱好收集鞋子。——译者注

美商品、市场和消费过剩。他自己的工作室也开始探究这种过剩：当超市有货架时，为什么只做一个布里洛盒子[1]？当你能赚到36幅画的钱，为什么只画一幅埃塞尔·斯卡尔肖像呢？来自匹兹堡贫民窟的穷孩子总期望赚得越多越好。沃霍尔逝世后，人们在他上东区的房间里发现：到处都塞满了未开封的外套、手表、珠宝和小块地毯，拥挤得简直无法落脚。1988年，也就是他去世的第二年，沃霍尔所有的财产都被陈列在纽约苏富比拍卖行的大桌子上，总计1万件物品，从饼干罐到珍贵的珠宝，与"袭击冰柜"出奇地相似。

　　但是为何我们现在还应该关注它们呢？沃霍尔沉迷于归类和收集、归档和陈列，这一点与数据时代产生了共鸣。大多数人每天都要袭击数字的冰柜，下载的文化产物多到不知该如何处理。我认为如果说大多数人都往硬盘里下载了很多的Mp3歌曲，多到听不过来，相信大家都没什么意见，然而我们仍在不断地存储更多东西，这与沃霍尔囤积饼干罐子或者兴奋地把从博物馆发现的那么多鞋陈列出来并没有什么区别。在某种程度上，沃霍尔仿佛是在表达数量高于质量。只要你拥有得足够多，一切都变得无关紧要。

　　你可以说，在数字时代，伴随着文化产物的自由流动和传播，

1　《布里洛盒子》(Brillo Box)，作品元素是布里洛牌肥皂的包装盒，与《36个埃塞尔·斯卡尔》(Ethel Scull 36 Times)一样都是安迪·沃霍尔的著名现代艺术作品。——译者注

艺术品的获取方式（袭击数字冰柜）让大部分人都成为业余策展师和档案工人。当今读者一直在想的，都是他们策展的结果，自己筛选、上传、归档的数据，脑海里一直伴随着一个罗得岛艺术博物馆里的沃霍尔。我们之所以收集，有时候是为了公众（文件分享或者 Mp3 博客），有时候是为了自己（收集的快乐），还有就像沃霍尔那样只是为了收集而收集，去深度整理网站保留的东西。通过这种方式，像摘录本或杂项集这样的古老汇编艺术得以重现，颠覆了 20 世纪自上而下的文化消费的主要形式——那时候的收集物经常是一些偶然发现、购买的唱片或书籍。在网络上，传播性远远大于拥有权。可以说某人拥有一件实体艺术品，但谁能"拥有"Jpeg 格式的文件？摘录本或杂项集综合地将各种大众实践，例如工艺品、民间艺术和爱好，与前卫的**天然艺术品**（objet trouvé，指偶然寻得并被认为是完美无瑕的艺术品）传统结合在一起，这与如今痴迷于收集、安排、囤积和整理数字化艺术品如出一辙。

当被问到"如何选择一件艺术品"时，杜尚回答："可以说，是它选择了你。"可以想象一下杜尚钻进管道，让小便池寻找他的场景，这个小便池是存在于典型超现实主义的多宝阁（wunderkammer）中的许多物品之一，它能提供的东西很少，却有着不可思议的丰富内涵。我认为我们之间可以产生联系。我们曾多少次闲逛于唱片店、饰品店或书店，然后让物品选择了我们？从这个角度来说，杜尚通过融入些许的超现实主义来瓦解艺术家和商人之间的区别。然而，如果我们因循着杜尚的理论，比如说当浏览网页时真的让事物来选择我们，那么毫无疑问我们将被成千上万的作品所淹没。为了管理这种庞大性，我们通过搜索引擎来利用具有导向性的偶然事件。比如说我正在寻找一张确切的图片。从杜尚的角度来说，我需要等图片找到我，但这样很荒唐。相反，我会将我的要求输入谷歌图片搜索，然后让其中的一张选择我。就这点来讲，网络一直受制于两种极端的拉扯——直觉和目的、有意识和无意识、随波逐流和坚定不移。

有意识和无意识的角力，已经延伸到了网络本身的结构中。可以说，从代码到服务器，支持运行网络的技术都是网络的潜意识，而表面直观的软件，即用户界面，以及在网页上发生的各项行为，则是网络的意识。无意识，即纯粹的装置，从二进制代码到像素，最终形成图形化用户界面，所有这些都依附于网格。通过网格这种方式，网络拓展了现代化进程，而这种停滞也与罗莎琳德·可莱丝所说的现代主义的标志相吻合："相比其他事物，网格化的显示无疑让现代艺术走向静态美，这与文学、叙事和论述大相径庭。"网络是一种类似网格的装置，是一种静态平衡，是一种状态而非一样事物。其上覆盖着薄薄一层被称为网络"内容"的东西，也就是可莱丝所指的"文学、叙事和论述"。所有图片的归档界面，包括 Pinterest、Flickr、Instagram 和谷歌图库，全都实现了网格化，从照片的矩形格式到挂在网格框里的排列方式都体现了这一点。虽然网页可能会提供系统的创作素材，但是界面和装置却完全是产业化的。当我们广泛使用某种装置时，它就变成了无形的，因为我们完全被纳入到该内容当中，成了它的一部分。在 2000 年，媒体理论家马修·富勒曾写文章阐述了这种绝对盲区的危险性，文章的标题为《Word 文档：就好像你在写一封信》。一个半世纪后，就好像人生来就要呼吸、就会拥有身体内的血液循环系统那样，我们依然认为装置是理所应当的，显然，正是它们让一切事物正常运转。但是当我看到镜子里的自己时，想到的只是我该理发了。

🐱🐱🐱

Pinterest 是一种人为的照片收集平台，它迅速成为网上最大的单源图片储存库。当你把照片从网上粘贴到你的屏幕上，Pinterest 会先把图片复制到它的服务器里，然后给你缩略图和能够获取它的源文件的超链接。因此，如果某张图片不见了，比如说随着某个博客关闭而消失了，你在你的 Pinterest 图片板上还是可以找到它。在这种情况下，Pinterest 就起到了备份和储存的作用，同时它也建立了自己专有的图片图书馆。因为它的每张图片都是由专门的图书馆管理员"钉"[1]上去的，所以相比通过算法来采集图像的谷歌，Pinterest 上的图片的信噪比就会偏高[2]。从不好的一面来讲，每位用户都在为 Pinterest 服务；随着钉上去的图片越来越多，公司的图片数据库会逐渐庞大起来，净收益也同样会水涨船高。

Pinterest 可谓是杜尚派，用户无须产生任何的源内容；相反，所有的图像全部来自网络。与 Flickr 和 Instagram 不同的是，每张来自 Pinterest 上的图片都是现成的，或者是对现有图片加工后生成的拼贴画。为了实现这些功能，网站采用了被称为重复数据删除的数据压缩算法，这种方式通过删除重复数据，保留可嵌入到所要求图片中的源文件，进而减小了图片存储大小。比如说，我钉了一张棕色眼睛的狗的图片。而 Pinterest 中储存着无数张棕色眼睛的狗的图片。算法扫描了所有那些狗的眼睛，并锁定了在很多情况下具有统一特征的像素配置部分。因此，当我下载狗的图片时，算法就会根据确定的像素拍摄一个参考，然后把它嵌入到我下载的图片中狗的眼睛的位置。然后，我的狗就不是一张传统风格的真狗的图片，而是由多种分散的元素的数据拼合而成的。每张图片既是独一无二的，也是可复制的，这同时也反映了现代主义的拼接组合构图方式和后现代主义的挪用和抽样的策略。

---

1 Pinterest 网站的名称由"Pin"（钉）和"Interest"（兴趣）两个单词组成，意为"把兴趣用图钉钉到展示板上"。——译者注

2 说明 Pinterest 上的图片的质量普遍偏高。——译者注

但 Pinterest 同时也强调对材料发现和组合，这也正好回归到了前现代主义的收集和剪贴的概念。这并非巧合，因为该公司宣称它们的平台是"发烧友所建且为发烧友所用"的，而且该公司的一个合伙人说："少年时代的错误集合就是灵感的'试金石'，同时也是建立公司的神话。"沃尔特·本雅明非常痴迷于收集，他描述了关于收集和制作之间的紧密联系。他说："对孩子来说，收集仅仅是一种重建的过程，其他重建的过程还包括静物绘画、轮廓剪纸以及贴纸，这些过程都与孩子从触摸到一个东西到给它命名的习得模式类似。"Pinterest 的首席执行官曾将网站比作"点子一览表"："如果有和杂乱无序的图书馆相互补的东西，那一定是井然有序的一览表。"这也正好回应了本雅明的观点。本雅明的构想将杂乱无序的图片图书馆转变成了可供查阅的、井井有条的目录。当 Pinterest 的用户组织相册集时，这些算法就是图库管理员，是那些用来分类大量内容的软件机器人。

图书管理员里克·普瑞林格强调，归档是一种新兴的民间艺术，将会广泛实践，潜移默化地进入许多人的生活，潜在地将必需品转换成一种艺术作品。当今时代，人们首先会觉得这种说法不对：储存和归类怎么会成为一种民间艺术？基于主观的手工艺品制作，升华于独特的个性，而且往往表达了某个社会团体的民族精神的民间艺术，难道不是与储存和归类正相反吗？我们有必要想想，比如说，Gee's Bend 生产的华丽被子是由一群亚拉巴马州的非洲裔美国妇女代代传承下来的，每条被子都是独一无二的，各自代表着一个特定的民族。我们还可以想想，在广阔无垠的宇宙中存在着像霍华德·芬斯特这样的人，他那令人着迷的、情绪化的人工渲染的宗教画和雕塑只可能出自他本人独特的天赋。就像被子上花样的缝法一样，归档这种行为利用拼接的方法将许多片段整合成绝妙的美图，是一种独立地将杂乱无章的世界有序化的过程。从缝制被子到集邮和藏书，并不算很大的飞跃。在数字化时代，我们不断地在 Pinterest 上钉图，培养 Instagram 种子，或者编制 Spotify 播放列表，这些都是当代大众归档的表现，同时也是回归到数字科技之前时代的体现。Pinterest 经常被比喻成软木公告板，它本身就是一种大众归档行为，约翰·伯格在其出版于1972 年的《观看之道》中写道：

成年人和孩子们有时会在卧室或起居室里放一块公告板，上面钉着各种纸片：信、快照、复制画、剪报、原画、明信片。每个板上的所有图像都属于同一种语言，且都或多或少地彼此地位平等，因为每张图片都是居住者以高度私人化的眼光挑选的，符合并且表达了他们的感受。从逻辑上来讲，这些公告板应该能取代博物馆。

在这篇文章中，伯格将大众化的剪贴画视作一种高雅艺术，但是这两者自始至终都交织在一起。许多艺术家的工作室里也有这种灵感板，和伯格描述的大同小异，都贴满了明信片、记录下来的灵感、照片，等等。在 20 世纪，许多图书馆里都有这种"剪贴图书馆"，那里的小橱柜中布满了从杂志上剪下来的照片，它们贴在箱子的纸板上，分成不同的主题。所以在许多人看来，伯格对博物馆没落的推论不无道理；相比偶尔才逛的博物馆，Pinterest 的图片更能融入大众的日常生活。对一部分人而言，明信片或 Jpeg 格式的图片本质上已变成了昔日博物馆中的画作。

《全球概览》杂志的创始人斯图尔特·布兰德曾说："同其他所有事情一样，'策展'也被网络大众化了。用一句话说就是，每个人都在策展，比如说你写博客的时候就是在策展……所以我们正在变成编辑和策展人，这两者在网络上融为一体。"甚至有时候简单添加一个书签也能引发一连串的策展行为。当我将一篇长文保存下来以供稍后阅读时，它就加入了我的文章归档中。有时候，因为很多信息会从网络中消失，所以如果我认为一篇文章尤其值得阅读，我就会将它转为 PDF 格式，随后将保存在我电脑里的文件夹中，这样便创建了我的私人图书馆。许多 Mp3 博客用户、文档锁定服务和其他信息流服务的用户都知道，信息一直在消失。有时候是用户自己删除了他们的博客，或者是 Netflix 与制片方的合同到期后就会让不少相关影片下架，还有地域差异也会令它的服务在许多国家失效。

几年前我去某国参加一项会议，几个与会者都通过谷歌文档"带来了"他们的论文，然而当他们抵达时才发现谷歌不能用，Gmail、Twitter、Facebook 和 YouTube 也是一样。Wi-Fi 技术尽管已经得到了广泛普及，但在很多地方仍然无法使用，这就使其变得很不可靠。面对云计算的不稳定性，创建一个稳定的本地文档来保存数字产品，可能是最有效的保护个人信息的方式。

为了避免过剩带来的混乱，我们产生了归档的冲动。即便是在数字时代之前，收藏家也不可能真把自己收藏的文化产品全部消费掉。例如，人们向阿纳托尔·法朗士问起他庞大的收藏时说："法朗士先生，所有这些书您都读过了吗？"他回答道："我读了还不到十分之一。我觉得你也不会每天都用你的塞夫尔瓷器吧？"过剩的情况在 19、20、21 世纪都存在着。勒内·笛卡尔曾说："虽然所有的知识都可以在书中找到，但是它们混杂在如此多无用的东西当中，混乱地隐藏在如此大量的文献里，我们一辈子都读不完那些书。"哈佛大学历史学教授安·布莱尔在谈到康德和华兹华斯为何是最早描述自己经历过暂时性心理障碍的作家时表示，他认为这种障碍来自"由感知超载或心理超载引起的纯粹的认知疲劳……"布莱尔详细记录了不同索引系统的诞生以及札记与参考书目的发明，它们都是为了规整生产过剩和消费不足导致的、亟待解决的混乱而产生的。同今天一样，知识不断积累，管理知识的方法也层出不穷，从中世纪到近代欧洲，再到伊斯兰世界和中国，几个世纪以来，全球的人对此都有所体会。

对信息进行管理和分类已经成为了一种自带管控错觉的行业，它与知识和修辞的编纂系统一样日益增长，最终演变成了一个繁荣且获利丰厚的行业。这一切都源于《约翰逊字典》的问世，之后演变成了如今的学术机构每年花费 100 亿—200 亿美元购买付费档案服务（例如 LexisNexis、ProQuest 和 JSTOR 等）的现象。当年，塞缪尔·约翰逊在出版了《约翰逊字典》后只拿到了相当于今天约 35 万美元的报酬。谁创建信息、谁消费信息、谁传播信息，抑或简单来讲，谁控制信息，这些问题已经成为几个世纪以来竞争激烈的领域。因为存在着大量隐秘或合法的收益，所以对于可复制的数字生态系统而言这并不是什么新鲜事。而这种竞争趋势变得更加集中，并且在很多相关领域产生了未曾设想的后果。这些领域包括版权、知识产权、历史语境化、自由文化、归档、分类学、分配、艺术实践和策展等，这里只提及了其中一部分。

在数字时代之前，对此常见的描述来自阿根廷作家路易斯·博尔赫斯的短篇小说《巴别图书馆》（1944）。书中假设有一座庞大的图书馆，其中的藏书包含了人类已知的所有领域能记录下来的知识。但是博尔赫斯的图书馆有一个问题——信息管理，要找到你想要的书几乎不可能。在他的故事中，这份苦差事交到了一群繁忙疲惫的图书管理员手中，他们的一生都在努力归置这迷宫般的图书馆中的书。即使这样，博尔赫斯依旧很乐观：他相信只要有毅力并且运气好的话，图书管理员还是有机会克服这些巨大困难的；尽管他的图书馆很庞大，但并不是无边无际的。而且任何书都没有副本，每本都是独一无二的。但问题是，许多书几乎是一模一样的，甚至只有一个字母或者一个标点的区别。在那个图书馆的某个地方（具体位置还有待发现）应该有着一本这样的"书"，从小写字体的封面到数不尽的薄页，这本书涵盖了地球上所有的知识。这本藏在巴别图书馆里的书中之书，便是互联网。

博尔赫斯这个故事的 21 世纪版可能与另一位作者——菲利普·帕克类似。在电脑的帮助下，帕克炮制了 100 多万册包含大量晦涩内容的书籍。当有人想要购买他的书籍时，一队网络爬虫就爬出来组织相关的知识网络。搜罗了这些知识后，算法会辨识与主题最相关的信息并进行排序，之后它们就会被结集成书（语序会有细微差别，以避免直接抄袭），组合成预定的按需打印的模板，然后自动发布到亚马逊上，再虚构一个只有购买者知道的书名。整个过程十分自动化，书还未写，书名就已经列好了。如果有人想要任何一个主题的书籍，系统就会自动按需生成他要的书。帕克便是一个很好的事例，他对体育事件和金融交易完美地进行了语义记录。这些记录由通用数据集生成并且发表在全球的报纸上。没有人知道这些东西是不是人工撰写的。帕克和博尔赫斯都淡化了内容和质量，转而选择了关注数量和种种含义背后的挑战，对帕克而言，这一挑战并非知识的浩瀚，而是金钱。

今天，我们面临着抽象化的大数据（即数据集，其数量同样巨大，数字同样抽象），而且不知为何，公众默认了我们都能理解这些大数据。例如维基解密网站，仅成立一年就已收集了 120 万份文件；2010 年，仅仅是与伊拉克战争相关的文件，该网站就发布了近 40 万份。美国外交电报泄露了共 251287 份文件，这些文件包含了 26127653 个字。人们都在抱怨维基解密泄露了太多的信息，以至于《外交政策》杂志称如此大规模信息的泄露为"蓄意破坏信息"：

> 有一条这样的原则：发布一条独家新闻，可以但不应该把 25 万条，或者说现在的 27 万条一下子都发布出来吧？前者还像是新闻，而后者几乎就是离奇又不相干的东西了，更像是在"蓄意破坏信息"……并且即便负责任的报纸，如《纽约时报》有机会能评论这些文字，并且把它们放归原来的语境中，在时间有限的情况下他们也绝不可能给每一个"i"画个点，每个"t"画个横。这种工作量太大了。

这种泄露每次都会带来更大量的信息轰炸：据说爱德华·斯诺登最初泄露了 150 万—170 万份文件。

这到底有多少信息呢？1969 年，概念艺术家河原温启动了一项名为《一百万年》的课题，他编写了 20 册书，每册书都密密地排列出每年的年份的名称（1856 年、1857 年、1858 年，等等）。每页涵盖 500 年，每本书有 2068 页。荒唐的是，人们会时不时地现场朗读这个系列的书，而如果要读完所有的年份，一个人终其一生都无法完成。如果需要把现场朗读录下来，那么完成全部朗读的录制需要 2700 张光盘；如果高声朗读，那么读完所有列出的100 万年的年份，则需要 100 年的时间。

人们对黑客亚伦·斯沃茨的指控也**特别多**。他试图从 JSTOR 泄露约 480 万篇文章（相当于 70 千兆字节）。他因此被美国司法部通缉，最后失去了年轻的生命。JSTOR 是一种付费的学术数据库。很难想象 1 万份文件到底会有多大的影响，更别说 25 万份甚至 500 万份了。然而正是这件事推动了公众话语甚至法律政策的前进。数字的浩瀚难以想象，假如要把我驱动器里所有的 Mp3 和 PDF 转换成唱片或者书，那么我一想到我的公寓汗牛充栋的样子就忍不住打战，肯定会寸步难行。我们每天将我们的数据从一个地方搬运到另一个地方，自认为掌控了一切，其实不过是错觉。事实是，我们在信息过剩中苟延残喘。不论是对数据的管理、储存、组织还是移动，一切都反过来支配着我们。去问那些需要维护自己的博客、Facebook 主页或 Twitter 账户的任何一个人，他们都会说："这是我的第二职业。"实际上，我们已经不知不觉地成了博尔赫斯《巴别图书馆》中的主人公，同时也是故事里低微的图书管理员。

我开始好奇**浩瀚**到底是个什么概念，于是搜索了斯沃茨的缓存。果然，它被美国司法局封锁了，我没能找到任何数据。2011年，就在斯沃茨被捕的第二天，有人向他致敬，于是"海盗湾"网站上出现了33千兆的种子文件，包含18592份《自然科学会报》（一本创刊于17世纪的科学杂志）的PDF文件。这些文件都是自JSTOR非法下载的，并由一个名叫格雷格·麦克斯韦的用户公之于众。伴随该种子文件发布的还有一份有关自由文化的声明："这些档案文件……任何人都应该免费使用，但是大多数人需要花高价才能从JSTOR这种收费网站上看到。每份文件有限的访问权限要价一般为19美元，一些更早期的文件价格可能较低，约8美元。每次购买和使用这些档案文件里的一篇文章，都有可能要花上千美元。"（JSTOR最终将这些文件变成了可供免费下载的公共资源。）

一天后，当我打开这堆文件中的一个时，我的面前出现了数不清的PDF，每份页数从1页到254页不等。在我下载的这些文件里，我连信息量最少的那些都难以掌握，而我下载的文件还只是斯沃茨发布的480万份文件中的很小一部分。这份互联网的冰山一角的信息量接近了宇宙的无垠。这个无垠也是一个抽象的概念：我们当然无法想象斯沃茨的480万篇"文章"到底有多少，就算我们能真正拥有它们，如何使用它们也已变得无关紧要。我们唯一可以确定的就是斯沃茨下载了**很多很多**。麦克斯韦的行为是斯沃茨意愿的一个缩影，同时也是对他意愿的唯一变现，他的"致敬"既有象征意义，也富有启发性。没有人会通读麦克斯韦发现的文档（斯沃茨的也一样），但麦克斯韦这份材料始终如一的可用性与我们使用这些文档时需要提交的烦琐申请形成鲜明对比。不少媒体评论员认为我们也许不应该从文档的内容中寻找意义：

> 这件事几乎终结了现代主义概念中的"信息"概念。现代主义的观点是文档中的内容可以得到提炼并代表最有价值的东西。斯沃茨的举动意味着在 JSTOR 和 Elsevier 这样的平台上是不存在"信息"的。他的行为让这些文档千人一面。因为单独来看，这些文档几乎没有读者，大概每份学术文档只有平均两到三个读者。所以只有当他发布了足够大量的文档时，他所做的一切才有了意义。这个意义与内容无关。这种侵犯也是集体性质的，它对单独某一作者影响甚小，因为最初的假定便是单个作者是无足轻重的。

亚伦·斯沃茨的举动代表了一种观念，他着眼于将隐藏信息公之于众的力量。他并不关心自己发布的是什么，他感兴趣的是如何将挪动大量信息来作为一种政治工具。他似乎传达出了奋力地推动、挪动、搜集、分享、解析、存储并公开信息与公开的内容同样重要的理念。

2010 年，墨西哥城 Labor 画廊负责人帕梅拉·埃切维里亚曾举办了一场名为"谁拥有图像？"的会议，聚焦数字文化如何改变了图像及其接收方式。埃切维里亚同我们许多人一样，过着一种双重生活：一方面，她在画廊经手独一无二的艺术品；另一方面，她从文档分享网站下载了大量复制的手工艺品。会议引发了大量热烈的讨论，会后的很长一段时间里我和埃切维里亚仍在交流许多会议上的话题。

2013 年年初，亚伦·斯沃茨去世后不久，帕梅拉邀我当策展人，在她的画廊筹备一场纪念他的展览。当我着手准备的时候，我估算着斯沃茨和阿桑奇（以及后来的斯诺登）接触到的巨大信息量。如果把他们泄露的东西具象化，会是什么样？如果我们能真实地感知这种数量，我们对他们的看法会发生怎样的变化？我想做一个传统展览，于是开始寻找能将数据转化成实物的艺术品。例如我发现了一本巨大的书，它涵盖了互联网上娜塔丽·波特曼的每一张照片。我还发现一个系列，共 12 本书，记录了维基百科上关于"伊拉克战争"词条的所有修订过程。这个系列囊括了从 2004 年到 2009 年这 5 年间共 12000 次的编辑，这些书共有将近 7000 页。在类似的书架上，我看到一位美籍伊拉克人的作品，那是互联网上所有关于伊拉克战争文章的合集，一共有 72 册，每本 1000 页。

将它们摊开在桌子上，我们的面前便呈现了数字文化纸质化后的惊人景象。

尽管这些书的数量很庞大，但是依然不够。它们太稀少、太小、过于精品化，难以表达我想要展示的巨大数据。我在想如何才能加大赌注。那些关于伊拉克战争的书，说明将互联网信息的冰山一角打印出来是个疯狂的命题。我灵光一闪——要是我能够将整个互联网众包[1]打印出来呢？

我跑到社交媒体上发布了一则号召：

Labor、UbuWeb和肯尼思·戈德史密斯邀请你参加史无前例的打印整个互联网的行动。

这个想法很简单：将你想要的互联网信息打印出来，可以打一页纸也可以是一卡车纸，然后寄到墨西哥城，我们将在2013年7月26日—8月30日于画廊展览这些文件。

整个过程完全公开：如果这些信息客观存在于互联网上并且由你们打印出来，它们就会被大众接收到。每一位贡献者都将在展览中被列为参展艺术家。

打印的内容完全取决于你：只要是存在于互联网就可以。我们不是在寻找一些创新解读，我们也不想要别的物品，只想要超多的

1　众包指的是一个公司或机构把过去由员工执行的工作任务，以自由自愿的形式外包给非特定的（而且通常是大型的）大众网络的做法。——译者注

纸。我们就是在找人将整个互联网打印出来，我们有超过500平方米的空间可以展览，天花板有6米高。

完成这件事可以用很多种方式：你可以自己做（打印出你自己的博客、Gmail 收件箱或者垃圾邮件），也可以与朋友一起打印互联网特定的一小部分，比如说维基百科所有词条、《纽约时报》的所有档案、维基解密泄露的每一份文件等，越多越好。

请打印互联网，并寄到墨西哥城。

展览结束后我们负责回收所有档案。

这一号召一经公布，回复就蜂拥而至。来自世界各地的2万多份文件纷至沓来，堆在一起有将近5米高、10吨重。这堆东西看起来正像互联网本身，挤满了垃圾信息、信用卡账单、备忘录、收件箱信息、新闻网站和许多色情网页。一夜之间，无数的博客和国际媒体机构将这个想法传播到全球各地，引发了激烈的负面反馈，人们指责我所做的一切，理由从树木大屠杀到现实的沽名钓誉不等。一个在线请愿书恳求道："肯尼思·戈德史密斯，请你不要打印互联网。"这份请愿书后来有至少500个签名。这个项目后来发展得声势浩大，到2013年7月，KnowYourMeme 网站[1] 贴出了这个展览的官方提示。这个展览结束后，我们收到了1000多页

---

1 KnowYourMeme 是一个专门收集网络模因和相关现象的网站。该网站上有网络视频、图片、流行语、网络名人等方面的资源。——译者注

的评论，这就很讽刺地使网上多出了这额外的 1000 多页待打印信息，那堆几吨重的文件里又多了一沓纸。大多数人未能去墨西哥城参观这场展览，所以这个想法本身和它引发的讨论便代替了展览。借助谣言和传闻，这堆文件在大众的头脑中烙下了具有纪念意义的一页。可以这么说，围绕这次展览发生的讨论，要比展览本身真实得多。

随着对这个项目的思考日益增多，我忍不住好奇是什么令人们认真去对待这件不可思议也不可能完成的事情。假如你稍微停下来想一想：打印整个互联网？这几乎是不可能的。甚至，我们怎么可能定义互联网呢？更别说让它冻结一会儿，好将它全部打印出来。在我写下这句话的时候，无数个新的网页已诞生，更有数不清的照片、视频和音乐，每种网页的源代码都能绵延几公里，假如用字母数字的术语来理解，那就意味着许多许多页。打印整个互联网，听起来就像是普罗米修斯的惩罚，虽然这个更像是一种歇斯底里的警告，它堪称 21 世纪版的荷兰郁金香狂热，比我们想象中居住的这个应该理智冷静的当今世界更疯狂。

打印互联网这种行为，物化并展示了我们数字密室的每一块骨架，这间密室就这么被抖出来，摊开铺在地上，将我们逼出自己的房子和家，强迫我们面对一个事实：我们囤积了最糟烂的东西，而且这些东西还是无形的。打印互联网就如同一部二流僵尸片，一部廉价版的《世界之战》（*War of the Worlds*），一种压抑的重返，一种荒谬恐惧的物质表现。我们恐惧着，这东西将来有一天会回来纠缠我们。我更愿意相信打印互联网是一种难以言说的恐惧——害怕丰富、害怕大量，害怕需要努力理解这些多到人脑无法处理的东西。相反，我们需要创新，需要依靠想象来展示这个问题的细枝末节，并借此思考我们自身如何才可以远离这片泥潭。

透过博尔赫斯诗意的眼光来看，这个项目是对亚伦·斯沃茨一种偏离且事与愿违的致敬。它是互联网转瞬即逝的"辩证集"，墨西哥城的一间画廊实现了它短暂的停滞，并将其展览出来，这一切都是为了最后将它撕烂、化纸浆、回收，然后重构成另一种形式。公众的强烈抗议毫无道理，他们要求对假想的问题拿出解决办法，而这个问题并未发生。真正发生的是一场全球性的讨论：讨论这冰山一角、这窗帘撕下来的一角，还有这些奇怪的瞬间，魔幻现实主义和荒诞玄学（对虚构问题提出虚构方案的科学）还有文化基因的猛烈碰撞，它们迅速物化，随即从地球上彻底消失。

博尔赫斯在他的短篇集《虚构集》的前言中写道："编纂大量的书是一件繁重且贫瘠的奢侈。用 500 页堆攒的一个观点可能只需要几分钟就能完美地口头表达出来！更好的做法是寻找一些早已存在的书，搞一个缩写和评论……我一直喜欢对想象的书籍写批注。"所以，果不其然《巴别图书馆》和《〈吉诃德〉的作者皮埃尔·梅纳尔》这两个故事都出自这部文集。其中《〈吉诃德〉的作者皮埃尔·梅纳尔》故事中的作者在没有任何先验知识的前提下自己逐字重新写了一遍《堂吉诃德》。文本是客观的，不可窜改，不可凝结成任由图书管理员或改写者摆弄的小玩意儿。博尔赫斯最后考虑的才是文本本身和它的含义。它的含义隐藏在对它的管理中。在《巴别图书馆》中，我们并不知道管理员寻找的是什么书以及他们为什么这么做，相反，他们关心的是如何安放，获得以及管理早已存在的知识。同样的道理，《〈吉诃德〉的作者皮埃尔·梅纳尔》当然是经典，所以无法撼动，但重点是如何诠释当初出现了这么一篇完美的复制品。早在 1941 年博尔赫斯就提出，内容不再是王道，相反，语境和阅读体验才是意义所在。20 世纪 60 年代概念艺术理论上的无作者运动就曾探索过这一观点。

艺术家劳伦斯·韦纳在 1969 年著名的宣言中就有博尔赫斯式的观念："艺术家可构想作品 / 作品可被制作出来 / 作品无须实现。"索尔·勒维特也于 1966 年表达过博尔赫斯式的看法："在观念艺术中，想法或观念是作品中最重要的方面。当一个艺术家使用观念的艺术形式时，就意味着所有计划和决定都已事先做出，而执行就成了例行公事。"这就好像说，如果所有的小说都实际上是虚构的，那么或许构想小说和实现小说相差无几。在汗水随处可见、报酬却相对匮乏的领域，博尔赫斯对劳作和价值提出质疑。何苦？博尔赫斯的观念让我们想到 1968 年发生在巴黎的"五月风暴"，那时他们在城市的许多墙上刻了"永不工作"和"工作的人在不工作时感到无聊，不工作的人永远不会感到无聊"。在博尔赫斯看来，或许最好的不是写作，而是提议：一个个提议的观点是通往乌托邦的里程碑。

这一切与亚伦·斯沃茨、切尔西·曼宁、朱利安·阿桑奇和爱德华·斯诺登都相去甚远，理论性的提议对他们来说不是什么好的选项。这四位人士上演了米歇尔·福柯所谓飞蛾扑火式的一幕：不顾任何代价讲出真相的冲动。他们为此付出了昂贵的代价：曼宁身陷囹圄，斯诺登流亡在外，阿桑奇前途未卜，而斯沃茨失去了生命。此刻，激进主义和艺术、政治和诗歌、事实和虚构之间的差异变得明朗。我由此想到了路德维希·维特根斯坦的警示："不要忘记，尽管一首诗是由语言信息写就的，但是在语言输出信息的游戏中从未使用诗歌。"如此，即是诗歌的自由和美感。而政治则是另一回事。

05

手机内存是我的私人储藏室

　　一个人正全神贯注地盯着他手里握着的东西。他的肩膀滚圆，驼着背，低着头，紧紧地抵着脖子。他的两个胳膊肘紧贴着身体，上身弯成了 45 度。他的手指在这个东西表面滑动。世界在他身边继续运转，而他完全没有注意到。他停不下来，一直盯着它。这是个有魔力的东西，因为它可以将他传送到遥远的异国他乡：激动人心的海洋冒险，笨拙迟缓的河马在河中行走，世界另一端多彩斑斓的稻田。这个东西席卷了他每一寸的生命，突然有一瞬间，他抬起了头，停顿了几秒，然后把这个东西——一小本书放在了塞纳河畔的一家书摊中狭小的书架上的书堆之上。镜头随之拉远，我们看到了一排姿势和他一模一样的人，所有人都低着头，深深地沉浸在他们正在读的书中，完全不理会周遭的世界。这些人的队列、姿势、表情和专注的样子，跟我在下班高峰期在纽约西四大街站看到的一排排低头看着手中电子设备并等车回家的人有着惊人的相似。

这部名为《书报摊》（*Bookstalls*）的电影是美国超现实主义者约瑟夫·康奈尔的作品，20世纪30年代，他在位于纽约皇后区乌托邦公园大街家中的餐桌上匆匆完成了这部电影的剪辑。和他的大多数影片一样，这部电影并没有拍摄某个具体的事物。这部默片是用他收藏在地下室里的大量早期电影胶卷整合而成的镜头集。康奈尔在这部电影中向我们展示了：在公众场合白日做梦并不稀奇。不管是书籍还是智能手机，这些奇妙的设备在我们一动不动的情况下就能使我们脱离每天的日常生活，将我们传送到其他地方。尽管康奈尔平生很少旅行，最远只去过新英格兰，但他可以通过自己的艺术作品（电影、盒子、组装和拼贴画）游遍全球，穿越时空。盯着康奈尔的盒子看，你就会被某种魔力传送到另一个世界，这个世界完完全全是由捡拾来的零碎和破烂儿搭建的，包括旧花布、地图、乒乓球、碎葡萄酒杯还有沙子。这些都是康奈尔在旧货商店和书店闲逛时挑拣来的。他将它们组合成他那些有名的"梦机器"。

约瑟夫·康奈尔的生活和他的作品中的很多东西都预示了我们的数字时代。我们的电脑界面和操作系统的起源，以及它们在逻辑和荒谬之间的微妙平衡，都反映了康奈尔盒子里的美学。互联网的基本理念，也就是分享、开放性资源和自由文化，都活跃在乌托邦公园大道上。他多样的艺术输出在 75 年前就可以被称为多媒体，而"多媒体"这个概念在很久之后才演变为一个数字媒体的标准。一次早期独立电影的小小改编就能将他的卧室变成一间立体影院，供 20 世纪 30 年代那些志趣相投、却找不到资源的影迷欣赏那些早已被遗忘的、诞生于世纪之交的默片。即便是在闻名世界后，他还是坚持个人礼物经济，将他的许多盒子作为玩具送给了邻居的孩子们。他在自学普及之前就开始自学了。尽管他成了 20 世纪最有名的艺术家之一，但他从未读过艺术学校，甚至都没读完高中。相反，他喜欢通过如饥似渴地阅读图书馆里的书来自学哲学、诗歌、历史和美学，而我们也一样舒服地坐在沙发上从互联网的教育资源中获取知识。我们对信息的不懈管理，例如下载、归类、贴标签、复制和归档的行为，都反映在这位早期现代主义者的工作和收藏爱好中。当他过世时，他的小房间已经变成了他的私人图书馆、私人维基百科。有位观察家曾称他是"艺术馆馆长，他的那座乌托邦公园大街上的房子就是艺术局，他是受托人，是局长，也是职员"。与很多网迷一样，他是一个孤独的极客（Geek），相比面对面的交往，他觉得保持距离的联系更自在。虽然他在现实中的社交圈子很广泛，但直到去世时仍是一名处男。

康奈尔在 1903 年出生于一个中产阶级的家庭，他的父亲是一名旅行推销员，英年早逝，留下康奈尔、他的母亲和一个残疾弟弟，母子三人的生活日益拮据。他们最终定居在乌托邦公园大道上的一栋普通的工人寓所里。康奈尔在那里度过了他的余生。他全身心地照顾母亲，看护弟弟，白天做一些低收入的工作来勉强维持一家人的生计，晚上则投入他的艺术。因为家庭和经济的因素，他在纽约没去过比曼哈顿更远的地方——从他家坐班列到曼哈顿只要20分钟。于是，他想出了很多自食其力的办法来搭建一个属于自己的世界，并且活在其中。

康奈尔是个广泛的收藏者，接近囤积癖的边缘。他存储了大量各类短时效的印刷品，并通过神秘又精确的方式将它们一丝不苟地整理好，这样一来任何东西都能很快找到。1972年他过世的时候，他的小房间里堆满了文化制品："3000本书和杂志，大量的唱片和老胶卷，放满了30卷微缩胶片的日记和信件，还有包括邮票、陶土烟斗、剧院传单和鸟窝在内的成千上万件短时效物品。"他不工作的时候就会出去搜集做盒子的材料。他流连于曼哈顿第四大道上的大量旧书店中，搜寻着能用到自己的作品中的物件。他热切地收藏各种媒质，尤其是胶卷，为此他专门去新泽西找仓库里随处堆放的巨大铁皮垃圾桶，里面放满了人们认为没有艺术价值的胶卷，堆在那里只是为了提取硝酸银。他因此得以成为收藏最多美国早期电影胶片的收藏家之一。20世纪30年代，不断有电影爱好者进出他的住所与他买卖胶卷，他们并不知道康奈尔是一名艺术家。对他们而言，他只是一个古怪的地方档案管理员。

他最著名的作品是他的盒子装置艺术。这些木质的盒子通常和电脑一般大，几厘米深，由木板分成几个隔间，每个隔间包含一种元素、一样物品或者一张图片：一个隔间里面有一张从维多利亚平版印刷品上剪下来的小鸟形象，另一个里面有一堆小贝壳，第三个里面有几条丝带。盒子的主题不同，里面的形象也各不相关。在一个盒子中，大多数东西以自然为主题；另一个盒子的主题则是天空，也有可能是古典，但也不尽然。也总是有一些奇怪的东西被丢进去，比如指南针、陶土烟斗、弹珠等，它们轻轻地打乱了特定的主题，将盒子推进了梦的王国。

我们的电子设备是开启网络旅行的基础，同样，康奈尔的盒子也是在盒子内部旅行的基础。每个盒子都有一个界面以及操作和导航系统，通过它们我们才能体验到盒子里的世界。康奈尔在作品中大量使用地图和球状物并不是偶然。从一排排标志性的形象到将空间分隔成一个个小窗口，这些特征与我们的电脑桌面在结构上不谋而合。它们甚至可以被看作最原始的电脑。康奈尔的盒子可以被冠以各种网络浏览器的名字，如 Navigator（网景浏览器）、Safari（苹果浏览器）和 Explorer（微软浏览器）。

我的桌面与康奈尔的盒子很相似。它在连贯的同时也是互不相关的。我的操作系统包含了所有的东西，但是每个窗口又有自己的主题，远远谈不上是整体一致。正像康奈尔的盒子一样，我也从不只打开一个窗口，而是会打开很多个；同它的隔间一样，每个窗口都展示了盒子本身的世界。有时这些窗口的内容互相关联，比如现在我的 Facebook 页面和 Twitter 应用展示的内容就大致一样；而其他时候它们又是互不相关的：一个窗口是无聊的电子表格，另一个则在播放流畅的音乐视频。

我的手机屏幕上放了很多图标，从屏幕下方 Dock 任务栏的一排图标到屏幕上方的一排下拉菜单里都有很多不同的图标，有的提示我时间，有的是天气，有的是电量，还有的是 Wi-Fi 信号，等等。我的桌面上打开了很多窗口，一个叠一个，每个窗口我都只能看到露出来的一部分，然而并不很乱。在这个杂乱无序的环境下，我还是能知道每个东西在哪里，每个窗口在做什么。而且每个世界中还别有天地。我的一个窗口在直播美国广播公司的财经论坛，它的视频流同时分成了至少 14 个窗口，每个窗口的内容都各不相同。在主窗口中，三位主持人分坐在演播室的桌子周围，演播室又有十几个小屏幕和电脑显示器，舞台上还铺满了反光材料。主播的窗口还分成了更多区间，有些展示股票图表和数字，还有一些放了一个时钟、一个台标和一个标题框。在这下面还有两个滚动条，一个是滚动新闻，它上方的另一个滚动条是市场数据。屏幕的右侧堆满了展示市场数据和图表的框框。整个画面是变化和流动的：新词和新数据不断地出现并消失。网络图标和 HD+ 的图标则在右下角。康奈尔的盒子与我此刻的电脑屏幕在视觉上十分类似。我的屏幕和上面的许多窗口有一种类似 M. C. 埃舍尔画作的感觉：在空间里的空间里还有一个空间。

康奈尔预测到了这一幕。从遍布平面屏幕监视器的华尔街，到不同电视播放不同运动项目的体育酒吧，视频盒和屏幕到处都是。安迪·沃霍尔在 1969 年说过："每个人都该有两台电视机，这样你就可以一次看两个台。总统就有三台电视机。"有时候我感觉所有这些注意力的干扰是这个纷扰世界中的生活训练，它并不总是件坏事。与认为我们正在失去专注能力的大众观点相反，普林斯顿大学的历史学家迈克尔·伍德将注意力的分散称为另一种专注："分心的人并不只是心不在焉或者做白日梦，他们只是断断续续地被其他兴趣吸引过去了。"伍德说，那种分散中也含有专注的成分，但还不够多。当我们专注的时候我们就不再好奇了，因为我们毕竟聚精会神，这样就排除了分心能带来的惊喜。确实，分心可能意味着我们会错过主要的事情。但是假如没人知道什么是主要的事情，以及它们到底在哪里呢？

我们痴迷于这些界面，很大程度上是由于可以透过它看到我们自己和我们的生活。康奈尔认为将他的观众放进盒子很重要，这就是为什么盒子里常常安放着镜子。瞥一眼他的盒子和他那几个"窗口"，你将会发现自己也身在其中。希腊神话里的纳喀索斯，误认为自己在水中的倒影是另一个人，这种自恋心理带来了社交媒体的成功。心理学家雅克·拉康为此现象取名叫"镜像阶段"——当一个婴儿第一次在镜中看到自己时，他会迅速识别出这个形象。在那一刻之前，婴儿并不知道自己是个单独的个体，统一的存在。相反，他们完全依赖别人，对自我也只有片面的认识。拉康认为，从那一刻起，拥有一个完整的自我形象会令人兴奋，我们开始沉迷于自我的外界表达，这在很大程度上解释了为什么我们在发现Facebook上的照片中圈出了自己，或者看见自己的推文被转发时会那么高兴。互联网是一个巨大的复制机，我们越是常常寻觅自己的踪影，越会沉迷其中。所以我们对自己不停地用谷歌搜索自己不要太吃惊，毕竟，我们离不开Facebook。有太多的自己留在这里，我们难以弃之不顾。

操作界面的设计人员对这一切了如指掌。每次打开推特简讯（Twitterfeed）[1]，我都能看到我那张非常讨喜的照片，然后关掉搜索栏。在Facebook上，我的头像就会出现在每条评论最后一个字的后面。滚动鼠标，看一下我的Facebook页面，就会发现我的头像一直不停地出现，无穷无尽。这就不难理解，为什么我对

1　Twitterfeed是一个Twitter衍生网站，提供把其他网络媒体内容自动更新到个人Twitter上的免费服务。——译者注

Facebook 上的每个对象都非常感兴趣。当我打开一个社交应用，最先映入眼帘的就是我在这个应用上的形象：我在评论里被人提及了多少次，我获得几个赞，我转发了多少条消息和我收藏了多少内容。这些数据的累积才是社交媒体的核心，"我"在这个价值体系里就是一种象征性的价值。

麦克卢汉的理论认为，把一个人的照片放在媒介里是数字媒介的基本概念。正如神话里的纳喀索斯一样，麦克卢汉认为："镜子里的倒影把他自己都迷住了，纳喀索斯成为他自己倒影或者影子的奴隶。仙女厄科希望用纳喀索斯自己的声音来迷倒他也没有用。纳喀索斯对此毫无感觉，因为他非常熟悉自己的一切。这则神话的意义是，无论人的外在表现以何种形式展现出来，人们都非常容易对自己的外表着迷。"我真的想不出来其他更好的例子来形容社交媒体了。

康奈尔花费大量时间在曼哈顿的街头漫步，他从橱窗的镜子里观察自己的倒影。这和社交软件一样，我们仿佛是在橱窗里看自己的倒影，我们会把自己的倒影与那些待售的商品重叠在一起，随之被深深地吸引住。商品橱窗展示利用的是文艺复兴时期著名学者莱昂·巴蒂斯塔·阿尔伯蒂的理论，他认为人和展品的比例应该基本一致，这样才能在消费者和他们想买的商品之间建立一种共生关系。1435 年，阿尔伯蒂写了一篇关于视角和绘画的论文，《论绘画》（De pictura）。在这篇论文里，阿尔伯蒂认为人类的形体是把画布分割为适当比例的基础。他是世界上第一个把画布想象为透明橱窗的人，他认为它如同一面玻璃，在其上可以看到倒影，它如此完美地折射出了现实中的物体。他以此为基础提出了"透视"这一概念：如果画布是透明的玻璃／橱窗，我们能够透过它看到远方的某一个模糊的点。对于阿尔伯蒂来说，画布／玻璃是一个折面，既不透明（画布）也透明（想象）。

阿尔伯蒂的理论在过去的几个世纪里一直影响着整个欧洲。例如 1680 年凡尔赛宫的建造就借用了阿尔伯蒂的人体比例标准理论，大量采用了垂直平开窗，进而产生了法式窗这种标志性的窗户。这种窗户在此后的 250 年里一直是法式建筑的标准配备，直到勒·柯布西耶在 20 世纪 20 年代初引入了滑动推拉窗。这种窗户曾饱受批评，人们认为这种设计不爱国。现代"平面化"艺术大潮在 20 世纪 50 年代达到顶峰，勒·柯布西耶是这次浪潮的一分子。那时，克莱门特·格林伯格宣称，一幅画的平面不应该是画中物体的平面，而是画画这种行为本身的平面。他这种反对倒影的核心观念受到了抽象表现主义艺术家的追捧，他们认为平面才是值得自己追寻的真理。

随着消费者技术的进步，平面的观念也逐渐受到了热捧。和现代主义一样，这个行业也试图努力摆脱笨重的形象。最早的电视机一般都是用木框包着的，就像一件家具，是为了给这种冰冷的现代机器营造一种温馨的家庭氛围。直到 20 世纪 70 年代，索尼公司推出了"特丽珑"显像管，这种精巧的设计帮助电视摆脱了多余的家具功能，让它们可以各就其位。而这也为今天的平面电视和等离子电视奠定了基础。智能手机和平板电脑也一样，每次发布的新产品都越来越薄。而与之相反的是，人们努力让这些平面上显示的影像更有深度：视频游戏和 VR 界面就希望人们透过"平面世界"看到多维的空间。

有一种说法认为，随着界面设计越来越简单，产品会变得越来越幼儿化。第一代的电脑无疑是面向成人的。你必须能够读懂那一串串的命令符，也可以输入命令符。但是随着图像化用户界面的引入，操作系统变成了又大又简洁的图标：大人和孩子都可以操作。一旦界面变成纯语言的，那么命令肯定有着非常强的逻辑性，命令符和它所能实现的功能肯定是一对一的：例如 Unix 系统的"1s"命令和 Dos 系统里的"dir"命令，可以调出你电脑里的所有目录。但是随着图标用户界面的推广，用图标来表示就使得命令符变得更加灵活和模糊。每个图标都是某位艺术家创作的，因此外形非常灵活，每个操作系统都希望用不同的图标凸显自己的不同：Windows 系统的回收站和苹果 mac 系统的回收站就完全不同。但没有一个图标的含义是准确的：回收站里的文件其实并不是被永久删除，只是被改写了而已。

一种媒体和另一种媒体的区别就只是它们在桌面的表现形式而已。屏幕上那些图标和文件夹后面都存在着一连串代码。图形用户界面让你觉得20世纪中期的办公模式已经完全为世人所遗弃。有一摞的"纸"可以供你点击,"便笺"供你记录,"文件夹"供你储存"文件","计算器"的"按钮"供你"按下"。即使是现在,我也是一边浏览网"页"一边在"办公室"(Office)里编辑我的文稿(我一直在思考网页到底是由什么构成的,到现在我也没找到答案)。办公的要素完美地融合进了我们的电脑操作系统和移动设备中,同时还保留了它们原本的形态。在我的苹果手机里,"便笺"的图标是正方形的白纸,"照相机"图标看上去像是20世纪50年代的尼康,"邮件"图标则是标准的10号白色信封,而"拨号"图标则是五六十年前的电话听筒。

早期的图标都是平面的,没有立体维度。"文件夹"是根据经典的马尼拉文件夹设计的,就是一个带标签的文件夹图标。但之后的文件夹图标有了阴影,产生了立体感。再后来就是一个三维的文件夹的样子,如果你点击文件夹,它就会像动画一样动起来,自己打开,让你看到里面的内容,然后才会打开新的窗口(而现在苹果最新的产品图标又都回到了以前的扁平状)。虽然这些动画和图标会让系统变慢,但却丰富了界面的内容,图标的设计人员以增添趣味性的超现实元素,一改过去文本环境的枯燥乏味。很难想象有界面设计人员不愿意在设计桌面图标的时候参考萨尔瓦多·达利那个融化的钟表进行创作(我苹果手机上的钟表图标就是一个指针的钟表)。达利最著名的作品《记忆的永恒》就与我们电脑里的 RAM（可以轻易删除、改写和覆盖的临时数据）和 ROM（像操作系统一样无法轻易删除、改写和覆盖的永久数据）一模一样。在谈到这部作品时，达利说："我是第一个感到吃惊的人，也经常被自己画布上的图像吓到。我别无选择，只是尽量准确地把我的潜意识和我的梦境描绘出来。""在我的画布上"如今已经被"在我的浏览器里"所代替，超现实主义和它的风格已经完全融入到我们的电脑使用体验中了。

我的电脑显示屏上悬浮着一组组垂直排列的灰色图标，它们在黑色的背景上一个摞着一个：一个有两个洞口的小鸟屋，一个向右倾斜的铃铛，一个右下角有对话框突出来的信封图标，三条垂直排列的横线，三个垂直排列的点，一个没有脖子的头像，还有一个向右倾斜的放大镜。所有的这些图标的尺寸都一样，画风也一样。就像猜谜一样，我可以把这些图标组合成一种充满趣味的故事，或者就只是单纯地欣赏它们的趣味、随机和荒谬。它们在我屏幕上的布局就像胡安·米罗的画作里那些星星和月亮的布局，或者他画中那些模糊的抽象形象。但这与艺术或诗意毫不相干，这只是对我的 Twitter 搜索栏的描述。

这些分布在我屏幕下面的图标基本上都是超现实的。如果我打开放大镜功能放大这些图标，我就会惊讶于眼前所见。我每天会多次用预览功能查看我的 PDF 文件和图片[1]。我桌面上有一堆图标，其中有一个像徽章那么大，我刚开始以为它只是"一个有几条线从中间穿过的蓝色图标"，只要点击它就可以实现某种功能，除此之外我从未思考过什么更深的意义。但当我把它放大以后，一张古怪的、甚至有点儿难以理解的图片便展现了出来。这个图标包括了两张印在有白边"纸上"的照片，相对而倾斜，头挨着头。下面的这张照片是一张土黄色石墙的照片，而上面的那张照片则非常鲜明，内容是一个站在沙滩上的孩子，背景是蓝色的天空。在他身后是不断涌上来的海浪，他紧握双手，做出了一种宗教式的祈祷姿势。他面带微笑，头发湿答答的，看起来就像刚刚从水里钻出来。他穿着一件灰色的衣服，没扣扣子，或许那是件雨衣（为什么有人会在海边穿雨衣晒太阳？），要么就是一件灰色的日式浴袍（一种在海边穿的奇怪衣服）。照片的顶部有一个放大镜，便于编辑照片或应用。我被这种奇怪的景象震惊了，因为这个图标是无生命的应用：图片和放大镜。预览功能只能查看数字图像，如果你想放大眼前的图片，只要点击按钮就能实现，不用再盯着镜

1　即苹果电脑 OS 系统 10.9 版本（Mavericks）自带的预览程序的图标。在其之后的 OS 系统 10.10 版本（Yosemite）中，图标上的照片中没有小孩了，放大镜也被换成了一个看起来像 33 毫米相机镜头的东西。就叙事功能和选择余地而言，新图标仍然没什么意义。网上曾有过很多关于"图标里的小孩究竟是谁""他为什么在那儿"的猜测，但似乎毫无头绪。

片看。当今的艺术界同样弥漫着这种怀旧的思潮。艺术评论家克莱尔·毕晓普认为："当下的任何展览，如果不使用过去庞大、笨拙、落伍的技术便不算完整。放映机笨拙的原盘传送带或者8毫米、16毫米的电影胶卷……今天，相比冰冷而坚硬的数字影像（而且每一个数字影像都包含了超出人眼分辨率的、更清晰的图像细节），柔软的电影胶卷败下阵来。"

虽然这些通过预览显示的图片似乎正在诉说着某个故事，但其实它们并没有这样做。这就是19世纪诗人洛特雷·阿蒙所说的超现实主义的荒谬性："解剖台上摆着一个缝纫机和一把雨伞。"与康奈尔的盒子理论一样，只要不赋予这些物品任何明确的定义，它们就具有了**暗示性**，它们暗示着地点、特性、属性、环境、合作精神、实证主义、世界和平等。这些图标的作用是**唤起**，而非**叙述**；而唤起的基础就是与超现实主义传统的分离。眼前这个图标向外界传递了两条相互矛盾的信息：功能性（信息读取完全没问题）和不当结论（我实在想不出为什么这些图像代表着某个功能性程序）。但其实它们之间也并不矛盾，虽然这话听起来很奇怪，但要知道，在操作系统严谨的逻辑规则之下，还隐藏着一些不规则和非理性的因素。

内存就是电脑的地下室、储藏室和工具箱，存储着大量的信息。康奈尔的房子就是一个巨大的硬盘，尤其是他的地下室，这里储藏着他所有的物品，而他用这些东西来制作自己的盒子。地下室的最深处还有他保存的明星档案、海报等，例如他最痴迷的葛丽泰·嘉宝和海蒂·拉玛。每次他参加完首映式或者看完芭蕾舞剧回到家后，就会来到地下室，专心致志地研究那些他以前收集到的刚看过的某位明星的图片，然后把这些图片用在他的盒子里。

说到底，康奈尔就是一个疯狂的追星族。康奈尔在 20 世纪 50 年代中期曾经非常迷恋芭蕾舞剧演员阿莱格拉·肯特。他鼓起勇气写信给她，邀请她出演自己的电影。阿莱格拉·肯特邀请康奈尔来她曼哈顿的家里详谈，但事情进展得并不顺利。肯特回忆道："他非常非常瘦，看起来怪异而可怕。我注意到他的手，可能因为沾满油漆而没有光泽。我马上意识到他非常喜欢我，而且让人觉得有点儿恐怖。追星族都很疯狂，你不知道他们会做出什么可怕的事来。"最后，肯特告诉康奈尔她没兴趣参演他的电影，然后把他送走了。

康奈尔的经历让我想起了互联网痴迷文化，特别是哈利·诺尔斯。他创立了 Ain't It Cool News 网站，这里充斥着极客、漫画、科幻、幻想、恐怖、动作电影和电视节目。同康奈尔一样，诺尔斯于 1994 年在自己的卧室里创立了这个网站，然后开始发布各种消息，散布新上映的影片的各种谣言。他从 1996 年起在自己的网站上撰写影评。而在他停止发布自己的影评后，他的网站上出现了成百上千的追随者。他们散布着关于好莱坞的各种内部消息和丑闻以及流言、未公开的电影剧本、电影预审等，这让好莱坞的制片厂异常懊恼。因为在那个时代，很多关于电影的新闻和信息上映之前都是严格保密的。

《纽约时报》在 1997 年的一篇文章中对诺尔斯的评价听起来仿佛是在描述康奈尔："诺尔斯躺在床上，敲着键盘。上午 10 点半，在这个狭小、空气污浊的房间里，他开始了一天的工作。房间里到处散落着光碟、没来得及读的剧本、电影海报（《科学怪人的新娘》和《金刚》），以及玛丽莲·梦露、布里特·艾克拉诺、雷·米伦和初代超人扮演者柯克·艾兰的海报。笑眯眯的文森特·普莱斯头套就躺在地板上的盒子里。"诺尔斯的父母在他的家乡得克萨斯州奥斯汀市经营着一家电影纪念品商店。店里到处都是小说、杂志和漫画。店里每周末还举行漫画和电影同好会。"我是他们的试验品，"诺尔斯在一次采访中说，"他们让我看很多东西，成人电影、环球影视的怪兽电影、陈查理的电影、与福尔摩斯相关的一切，以及弗雷德·阿尔斯泰和金格尔·罗杰斯的电影。电影成为我与外界联系的唯一纽带。"就像康奈尔把自己困在他的地下室里一样，诺尔斯在他那幽闭的卧室里建立了属于自己的帝国，从遥远的地方控制着这个庞大的网络。

2012 年，网上流传着一段名为《和诺尔斯一起，这难道不酷吗》(*Ain't It Cool with Harry Knowles*) 的视频。视频是他在得克萨斯州奥斯汀市的家里拍的，内容是诺尔斯的地下室（这帮人真爱地下室）和他本人的一些喜好。视频中，诺尔斯被围在一堆杂物中间，穿着宽大的夏威夷衫，留着山羊胡，带着黑框的圆眼镜，坐在桌子后面对着摄像头侃侃而谈。在这段风格类似于《皮威的剧场》(*Pee-wee's Playhouse*) 的视频中，诺尔斯向人们展示了他的各种老电影剪辑，他打开了一个包裹，并且在里面发现了一张《美国队长》电影道具拍卖清单，用纸板动画来讨论漫画，还粗略地浏览了一本被泄露的电影剧本。各种信息从四面八方向他汇集，而他不需要离开椅子就能获得一切。这个庞大的网络让他成为名人，这是康奈尔的理论在数字时代的体现——积累和组织庞大的信息，不把它们放进康奈尔的盒子里，而是放在网络上，炒作成热点，供人们点赞。

作为"自由文化"的极客代表，康奈尔和诺尔斯对待版权的态度并没有那么谨慎。诺尔斯曾经泄露过隐私信息，公布了文件的所有内容。康奈尔也是，他称这种行为是"借阅人的权利"，正如他的诗人朋友米娜·劳埃所说的："把前人的思想与现代思想融合，比用画笔描绘一幅全新的画作更有意义。"虽然非常痴迷于皇后乐队，但康奈尔从来没有去巴黎或佛罗伦萨现场听过他们的演唱会。相反，他到处收集该乐队的唱片，这就像我们更喜欢在家看着盗版光盘而不愿意去电影院看电影一样。在 20 世纪初，康奈尔利用美国发达的邮政网络来满足自己的嗜好，他到处收集此类书和杂志。如果他想把这些图片放进自己的盒子里，他就会先复印一份，然后把原版图片好好珍藏起来。在康奈尔看来，复制这些图片是再自然不过的事情了。而在合成文化如此普遍的今天，康奈尔想要实现他的艺术理念可能更困难。因为他的艺术原则之一就是作品中不能包含任何原版内容。他的所有作品都应该是新的，或至少是二次创作。

康奈尔应该是电影史上唯一一个从未学习过操作摄像机的导演。他早期的电影基本上都是旧片重制，例如《书报摊》（不过在后来的职业生涯中，每当康奈尔想要一些原始镜头，他就会请一些小有名气的年轻摄影师来帮他拍摄）。而他在 1936 年制作的《玫瑰霍巴特》（Rose Hobart）则可以算是互联网时代超级剪辑的鼻祖——这些快速闪现的蒙太奇图片汇集了《朽木》（Deadwood）里的所有咒骂和《塔拉迪加之夜》（Talladega Nights）里的全部场景，在这些场景中，伴随着拳头碰拳头的花式上篮（Shake and Bake），叫喊声不绝于耳。为了拍摄《玫瑰霍巴特》，康奈尔拍摄了一堆丛林影像，然后用剪刀把胶片全部剪断，重新排序，再用透明胶带把它们粘好。虽说故事情节非常老套，但这种剪辑所带来的不连贯感使电影看起来非常奇幻。而且康奈尔在放映电影时会在投影镜头前放一块深蓝色的玻璃，营造出一种梦幻般的景象。在放映的同时，康奈尔还会手摇一部每分钟转速只有 78 次的留声机来给电影配乐。

《玫瑰霍巴特》是一部极具影响力的电影，开创了一种新的电影流派——"剪切式"电影。这一流派最知名的作品就是克里斯蒂安·马克雷在 2010 年拍摄的《时钟》(*The Clock*)，这部片长 24 个小时的电影拍摄了一座时钟在一天中所流逝的每一分钟。电影由成千上万片回收再利用的电影胶片构成，可以算得上是蒙太奇电影的史诗级作品了。为了创作这部作品，马克雷和他的助手看了无数张 DVD 光碟，从中找到有时钟的场景，然后把这些场景挨个剪切下来，拼凑成完整的一天。叙事性、流派或者形式都不是重点，他们所关心的只是时钟的每一分钟。而且每一个镜头的时间都正好是 1 分钟，假设你在下午 4 点 34 分走进电影院，那么屏幕上的时钟指向的时间也正好是 4 点 34 分。如果你是中午走进电影院，屏幕显示的时钟时间是 12 点整，再过 1 分钟，镜头就会变成下一个时钟，显示的时间是 12 点 01 分。马克雷把整部电影做得非常舒缓，每一个镜头的衔接都非常自然，整个作品平缓、令人愉悦、引人入胜。一方面，这部电影可以算得上是蒙太奇流派的巨作了；而另一方面，它实际上就是一座时间精准的时钟。

这部电影毫无悬念地收到了各界的赞誉，全世界的人都排队走进影院，想要亲眼目睹这部神作。影评家们也不吝赞美之词，例如罗伯特·史密斯就在《纽约时报》上写道，这部电影是"剪辑艺术的巅峰之作"。另外，这部电影还在艺术世界和流行文化之间架起了一座桥梁，引发了一阵热潮。而马克雷在看到网络上铺天盖地的模仿作品后，却认为这些人所追求的剪辑手法和粗放式编辑理念与他所提倡的自然流畅背道而驰。

不过到目前为止，各方反应都还不错，很多类似的作品都受到了著名艺术机构的追捧。然而版权是个大问题：从来没有人提到马克雷是否有权使用这些好莱坞电影的镜头。马克雷在接受《纽约客》采访时表达了他的版权观："如果你创作的东西是好的、有趣的，而且并没有冒犯任何人，那么我认为原作者应该会感到高兴。"这就是他在过去 30 年里所秉承的理念，他收集材料、合理利用、重制。对于马克雷来说，这就是他的职业。

不过流行文化和博物馆文化还是有所不同的。在马克雷受到艺术界追捧的同时，包括美国电影协会（MPAA）和美国唱片工业协会（RIAA）在内的媒体机构，都呼吁人们不要像马克雷一样在未经原作者同意的情况下使用这些资源。《时钟》是数字时代的产物——很难想象胶卷时代的电影人能制作出这样的作品。但对于这样一个利用前人的影片创作出来的作品，马克雷对它的版权却保护得非常好：你很难在网上找到完整的电影视频。只有个别有能力支付数十万美元版权费的机构才拥有这部作品的拷贝。而且，虽然我们这个时代的文化更多元化，更没有地域限制，传播范围也更广，但《时钟》却反其道而行。它仅在某些特殊的时刻向外界有偿播放。人们通常在支付了可以媲美博物馆门票价格的高昂费用后才可以通过网络收到一串的混合信号。虽然电影里的时钟要与电脑上的时间保持一致，而且还有区域不同的问题，但这种网络版应该不难做出来，而且这样还可以满足现实和网络中两种人群的需求。

马克雷和康奈尔都非常痴迷于时间这一概念。《时钟》这部影片包含了永恒和非永恒这两个主题：它展示了一天中的具体的每一分钟，但自始至终都没有说明这是哪一天。由于影片采用的都是以前的电影镜头，大部分还都是经典镜头，所以它让人有一种永恒感，一种置身在瞬间和永恒之间的感觉。而且这部电影的区域性让人总有一种当下感：如果你下午走进电影院看，就会看到一群人在观影；如果你凌晨4点走进艺术博物馆看（假如博物馆还开着），只会看到零星的几个疯狂影迷在观看。康奈尔患有失眠症，因此，午夜的安静时刻是属于他的。康奈尔把每一天都称为永恒不变的一天。他每天起床工作，然后回家照顾母亲和弟弟。当整间房子安静下来以后，他仍无法入睡，只能在半梦半醒之间通宵达旦。和那些无法进入梦乡的超现实主义艺术家前辈一样，康奈尔也爱上了这种朦胧的状态。即使后来辞掉了工作，他也依然保持了在白天间歇性地小憩、然后整晚都持续工作的习惯。

在我们拥有每周7天、每天24个小时的全天候服务概念以前，康奈尔就已经是这种状态了。我有一次在半夜通过社交网络向全球听众做演讲，那时我才意识到我的听众很有可能住在地球的另一端，对于他们来说此刻正好是中午。我有时会考虑地球那一边的听众的感受，为了满足他们的需求而修改我的稿子，忽略和我在一个时区的人，因为他们应该都在睡梦中。数字时代打破了人们传统的时间观念。计算机和巨大的网络存在于物质、个人、地区、传统、群体和传统时间概念之外。这就是乔纳森·克拉里在他的《24/7：资本主义后期和睡眠的终结》(*24/7:Late Capitalism and the Ends of Sleep*) 里提出的一个概念。克拉里在书中举了一个康奈尔式的例子，一个人力、技术、无眠和宇宙交会在一起的例子。故事是这样的：20 世纪 90 年代曾经有某个财团支持一项宇宙研究计划，希望建造并发射几颗卫星，通过卫星将太阳光反射到地球上，创造出一种永恒（该公司的口号就是"让夜晚充满阳光"）。这个直径达 200 米，厚度只有纸片那么薄的材料能够覆盖地球上的大约 26 平方千米的区域，可以保证这个范围在夜晚也能被阳光照射。这个设想最初的目的是保证西伯利亚的矿工能够拥有更长的工作时间，但很快人们就希望用它来延长白天的工作时间。当然，也有各种各样的组织抗议这种设想，认为"夜晚是每个人都天然享有的权利，每个人都有权抬头仰望美丽的星空，任何人或机构都不能侵犯这一权利"。这一设想最终未能成真，但我们可以让机器和网络永无休止地为我们工作。

1955 年的冬天，康奈尔在纽约城市博物馆举行了一场名为"冬夜"的展览，参展的盒子作品主要都是星图。这些外形做得像旅店一样的白色盒子里放着深蓝色的夜空图片。康奈尔爱极了冬日夜晚的星空。凌晨 4 点，从他厨房的窗户望出去，闪亮的繁星安静地镶嵌在皇后区漆黑的夜幕上。半梦半醒之间，他仿佛坐在沙发上遨游宇宙，沐浴在他所说的"昔日之光"下。

06

我拍，故我在

就像康奈尔的地下室，我的硬盘里也堆放着我下载的各种书籍、电影、图片和音乐。我花了大量的时间下载、复制、粘贴它们并重新命名，然后还要把它们归类到各个文件夹中去。一旦归类整齐，我就很少再打开了。有时我自己也会搜索一些资源，这时我总是被自己以前收集到的资源吓到。比如我有段时间非常想听美国作曲家莫顿·费尔德曼的音乐。我打开我的 Mp3 播放器，找到与费尔德曼相关的文件夹。我在一堆文件夹里找到了一个标注为"莫顿·费尔德曼全集"的文件夹。我自己都没有想到我居然有这种资源，也想不起来到底是何时下载的这些资源。我看了一下日期：2009 年，然后才想到这肯定是我在 Mp3 共享博客里下载的。我在文件夹里找到了 79 个压缩文件，全部解压后，我听了几首曲子，关闭文件夹，就再也没有打开过。在数字时代，围绕文化艺术品所产生的各类工具可能比艺术品本身都要多。著名黑客约翰·佩里·巴洛曾在1994年断言，在数字时代，我们喝红酒都不需要用杯子。实际完全相反，我们现在是杯子比红酒多得多。

1983年，媒体评论家和哲学家维兰·傅拉瑟在《摄影的哲学思考》（*Towards a Philosophy of Photography*）一书中描述了同样的现象。傅拉瑟认为，任何一张照片的内容实际上都是相机的产物。他进一步分析：一系列的程序赋予了相机照相的功能，程序则是摄影行业需求的产物，而摄影又是军工企业的产物，依此类推。傅拉瑟完全是从技术角度来分析摄影行业，在他看来，传统的文化艺术完全可以用物质的东西——技术、政治、社会和工业来解释。

虽然傅拉瑟表面上写的是关于模拟摄影的问题，但实际上，他为我们描绘了我们与文化艺术的关系在数字时代将会发生的转变。正如现代艺术家拉兹洛·莫霍利·纳吉预测的："那些看不起摄影的人将来都会成为文盲。"

在读傅拉瑟的文章时，最常见的误解是认为他只是在谈论模拟摄影。他其实不只谈论了这些。想象一下，他谈的是数字媒体而不是摄影。这可能需要读者动脑子转换一下场景，但只要转换成功了，你就会惊奇地发现：傅拉瑟这段发表于1983年的文字，其实描述的正是30多年后的今天我们所面临的境况。比如，傅拉瑟认为人类一直在探索如何实现生活各个方面的具象化，如何利用工具将公共行为以及我们内心深处的想法、感受和欲望具象化，而相机正是这些工具的基础。再看一下现在的社交媒体——博客、Twitter、Facebook，你就会发现傅拉瑟的观点是毋庸置疑的。和相机一样，Twitter 吸引着我们不停地推送消息。一旦沉迷于此，你就会欲罢不能：你推送的消息越多，系统本身就会越丰富，它在社交网络中的地位就会越重要，最终就会推高 Twitter 的股价。傅拉瑟认为我们推送的是什么消息（内容）不重要，重要的是我们一直在推送消息（系统）。傅拉瑟认为任何媒介的内容都是一种系统，媒介由此生成。

事实上，傅拉瑟认为内容本身无关紧要。照片并不是回忆的承载物——你家宝宝的照片和其他成千上万个宝宝的照片是一样的，只不过是从照相机这种工具里分离出来的产物。相机是一种贪婪的设备，它在不停地获取图像，就像动物不停地吞噬猎物：所以它闻起来有一股血腥味，而且善于捕获猎物。在 Instagram 上，你分享的照片越多，就越是沉醉和使用这种工具，傅拉瑟认为这就跟鸦片一样让人上瘾。最后演变成你为相机服务，为制造相机的产业服务。人们使用某种工具越多，生产这种工具的企业收到的反馈就越多，这种工具就会越来越智能，使用的人也会越来越多，企业的资金就会越来越雄厚。正因为如此，Instagram 不断地在自己的应用里添加新的功能和特性，不断地巩固和扩大自己的用户群。对于 Instagram 来说，用户发些什么照片根本无所谓，重要的是他们要不停地发。

照相是一件非常容易的事情。任何人按下按钮就可以拍出一张好照片，人们不需要了解照相的原理。最新的苹果手机广告词说："每天都有数不清的照片和视频是用苹果手机拍摄的，因为苹果让拍照变得非常容易——每个人都能够用苹果手机拍出满意的照片和视频。"拍照曾经是一项技术活，涉及光圈、曝光度、快门速度等，但如果拍照真是一件困难的事情，那么 Instagram 肯定无法流行起来。开发人员一直努力保持相机操作界面的简单化，减少使用时参数的调整。人们只需要通过简单的界面按下拍照按钮就可以了。所以傅拉瑟认为"没用的照片越来越多"。数码照片没有成本，不需要花钱，这就促使人们不停地拍照。（有多少人经常用智能手机拍一些毫无意义的照片？）这些没什么用的照片，被上传到云里储存起来。你自己拍的埃菲尔铁塔和其他保存在 Flickr 的埃菲尔铁塔的照片并没有什么区别，但你还是愿意自己来拍（就像我不停地下载 Mp3 一样）。

我拍故我在。不是相机为我们服务，而是我们为相机服务。这种无法克制的行为导致所有的场景都被保存了下来。当我们去海外度假，照片展示的并不是我们看到的景色，而是相机所在的地方和相机的工作内容。我们自以为用相机记录了我们的记忆，但其实我们只是在给相机这个工具制造信息。数码相片的元数据（如地标、点赞、分享、用户链接等）为 Instagram 创造的价值远大于照片本身捕捉的事物。相比创造图片的这个系统，图片无足轻重。

一旦我们购买了某款产品，我们就很难再离开它。你的作品只能局限在这个系统里，受制于这个系统的程序。比如 Instagram 里的照片都不能再编辑，不能作为邮件的附件发送出去，不能下载到你自己的驱动硬盘里。除了 Instagram，其他任何系统都无法使用这些图片。Instagram 里的信息可以轻松地与其母公司的网站 Facebook 共享，但却不能与竞争对手的平台 Twitter 共享。当你给图片点赞的时候，企业获得的是另一种信息：每一个点赞，对股东来说都意味着这款产品的受欢迎程度，意味着数量更大也更可信的用户基础，以及这款产品所具有的更大的潜在价值。

除非市场能够决定它的价值，否则大多数打印出来的照片基本没有什么实际价值：它们只是一些承载了信息的纸张而已——廉价、普通、脆弱，可以被无限复制。与绘画不同，绘画本身具有其独一无二性，而照片的价值则体现在它储存的信息上。照片的质地是脆弱的，而且在数字时代，这些信息还是可复写的。摄影是一项宝贵的艺术，它在工业和后工业时代之间架起了一座桥梁，然后将实物转化为一种可保存的信息。一种信息以何种方式传播，决定了这种信息的价值。

当人们把一个场景打印到纸上，这张纸的传播方式就决定了它在物质世界的普及程度。即便如此，纸上的内容仍然不同于原来的场景。傅拉瑟认为："海报是没有价值的，它不属于任何人，虽然广告公司很厉害，但它还是会被风刮走，被风撕碎……"但如果变换一下情景和传播途径，印在报纸上的图片就有了不同的意义。与电视上的画面不一样，刊登在报纸上的照片可以剪下来，放在信封里，然后邮寄给自己的朋友。这样的图片是可以手手相传的，这些可以传递的摄影作品构成了我们的图片共享网络。

相机更像是一种棋类游戏，虽然包含了无限的可能性，但是这种可能性都是由程序编写的。就像象棋的走法和排列方法已经被人们研究透彻了一样，相机的每一个程序也被人们摸透了。比如说 Instagram 这个拥有五六十万用户的网站，它原本的程序就已被用户所熟悉，结果就是企业不断地更新程序，推送新的功能来留住用户。即使功能是有限的，这些工具也必须给人们一种无限的假象，仿佛这些功能永远不会被发掘完一样。正如傅拉瑟所说："照片在一直不停地更新，因为一直都有'新的'程序……"你的手机还能打电话，但你不会傻到仅把它当作一个电话；你也不应该傻到以为 Instagram 只关乎富有表现力的摄影。谈到 Instagram 时，傅拉瑟认为这些工具能够消化吸收外界的批评。一直都有人批评这些自动化的程序，认为这些东西正在创建一个完全由工具统治的人类社会。但这些工具自动消化吸收了外界的批评，并以此改进了自己。

唯一的希望是？有些人希望用相机来做一些这个产业未曾想

过的事情，从而打破这种僵局——他们故意拍了很多无聊的照片（虽然 Instagram 上也全都是些无聊的照片，但是有多少是故意要拍得无聊的呢？）和模糊不清的照片。Twitter 就比较狡猾了，这个公司将 Twitter 上的那些意在自我反省的评论迅速消化吸收，然后借此强调该系统的多样性和可玩性，从而获得更多的用户（当然，这也推动了公司股价的上涨）。

傅拉瑟对媒体的评价归纳整理之后上升为理论，然后构成了现在错综复杂的数字世界。根据自己以往的经验批评地看待新的知识，然后按照历史和逻辑原则消化吸收这些新知识。在数字系统还没有形成一套自己的理论时，傅拉瑟就已经将这个新事物研究透彻了。威廉·德·库宁说："过去不会影响到我，而是我在影响过去。"这让我想起了傅拉瑟对我们在 21 世纪沉迷于数字世界的状况的准确预测。

在傅拉瑟之前提出类似观点的是苏联导演迪吉加·维托夫，他在 1924 年谈了自己对镜头的看法。他认为相比人类的眼睛，摄像机的镜头是中立的，更为客观。你在一个城市里漫步和你看这个城市的照片是不一样的。照片可以将城市定格，但漫步却做不到。

当我们漫步在大街上，眼睛把看到的景象传递给大脑，而每个人的大脑对信息的处理也是不一样的。镜头则可以算作超人的眼睛，它连接的是一部机器，用非常精确的方法记录了它所捕捉到的影像。正如傅拉瑟的工具理论所说，镜头精确地捕捉每个景色，每个景色都一样好。它把一个混乱的视觉世界梳理整齐，打印成一沓图片。而这就是今天谷歌街景正在做的事情。其负面影响就是镜头监控到处都是，它永不停歇又毫无差别地记录了每一个从它面前经过的东西。伦敦的监控网就是最佳的例子。

1971 年，概念艺术家道格拉斯·许布勒就试图用镜头搭建一个类似互联网的艺术网络。他将社会学和视觉艺术融合在一起，呼吁"艺术家在有生之年用图片的方式尽全力记录每一个人，并用这种方式来真实地反映人类的存在"。他非常清楚这项工作的难度，所以直到去世他的目标也未能达成。但许布勒一直都在努力，他扛着相机走遍许多国家，他站在房顶上拍摄下面的人群；他翻拍当天报纸上的人像图片；随机拍摄他看到的每一个人。这种荒谬的收集行为在今天的互联网上非常常见：你可以看看 Tumblr 上铺天盖地的"每个人的动态图片"，然而奇怪的是，这一切并不尽如人意地实现着他的目标。

摄影家佩内洛普·昂布里科利用她在网上找到的图片资源创立了一个庞大的图片库。2006 年，她开始收集 Flickr 上的日落图片，除了太阳本身的照片，她将其他的图片全部收集在一起，然后按照 4×6 的格式打印出来，摆放在博物馆里。这些图片的多样性和精细性会让你震惊。你可能会想日落的照片有什么可收集的，太老套了。但昂布里科的太阳却完全不一样：有些是淡紫色的，有些是蓝色的，有些是绿色的，还有些太阳就是一个小点儿，而有些则布满了整个画面。有些有光环，有些模糊地隐藏在云层里。很多图片都是镜头直接对着耀眼的阳光拍摄的，这让照片里的物体看起来更像是流星而不是太阳。如果你在 Flickr 里搜索"日落"，你能找到 1200 多万张夕阳的照片，但即便是这么多照片也没有让昂布里科迷失。和傅拉瑟的观点一样，她认为："虽然你在拍摄照片的那一瞬间是被美丽的日落而吸引，所有人都是这么觉得的——大家都在那一时刻觉得景色非常美丽……拍下的内容和每个人当时的想法是不一样的，但结果却恰恰相反。相机技术让我们体验到了数百万个相同景色摆在一起的震撼效果。每个图片分享的途径都是一样的，每张照片的拍摄时刻也是一样的。面对如此庞大的数量，任何人都不能宣称他们拥有日落景色的著作权，因此当初拍下这张照片的感动也就变得毫无意义。"

艺术家埃里克·奥兰德将他的作品集《镜中影像》发表在 Tumblr 上，这些照片拍摄的都是那些待售的镜子里的景象。最初你可能感到困惑，他为什么想要拍摄这么一组无聊的照片呢？但很快你就会明白，那些卖镜子的人从来没有观察过他们镜子里照出来的是些什么景象。有些照出的是广阔的大地和湛蓝的天空，有些是好奇的小动物，还有很多是没有意识到自己已经入镜的摄影师，他们经常穿着随意。奥兰德说："要么就是摄影师自己被拍了进去，要么就是他家里的景象被拍了进去。很多时候感觉更像是侵犯了别人的隐私，我觉得这也是大家总把镜子摆在外面的原因。"

奥兰德的作品参考了 20 世纪 60 年代罗伯特·史密森著名的镜子作品，他称之为"位移"。史密森没有画天空的画，相反，他在草地上放了一面镜子，把天空映射到镜子中去，在一片碧绿的草地中有一抹蓝天。在一整天的蓝色之后，呈现出的是朦胧的昏黄色。史密森的这些影像变成了严肃的色彩研究，对自然的一种安静妥协，对生态环境的一种政治态度。镜子可以把所有经过它前方的事物进行位移。作为一种天然属性，镜子不接受任何评判或道德裁决；它用最公正的方式反映着所有事物。钟表附近的一面镜子可以映出主人睡觉时的漆黑房间，也可以映出主人上班时的空荡房间。和监视镜头一样，镜子展现了很多黑暗面，但是和它不同的是，镜子不会储存：所有经过镜子前的影像都是转瞬即逝的。重大的犯罪都发生在镜子前，但永远都不会有人知道。镜子比镜头更接近电影屏幕，屏幕上有图像的投影，而镜面则反射出了图像。与摄像镜头一样，镜子永远不会变暗。即使把镜子摔碎，图像也会展现在所有碎片里。把碎片扔进垃圾桶，它们还是会默默地反映着外界的事物。

1996 年，一群被称为"监视镜头演员"或"活动积极分子"的人，把乔治·奥威尔的《1984》和威尔海姆·赖希的《法西斯主义群众心理学》等书改编后在大街上的监控镜头前表演。虽然不知道他们的表演有没有人看，但他们的表演经常会被警察打断。拍摄到他们表演的不仅有他们自己架设的摄像机，还有大街上的监视器。演员们想要传达一种理念："我们抗议在公共场合设置监视器，因为这侵犯了我们生而具有的隐私权。我们希望通过在监视器前表演这些戏剧来表达我们的不满……老大哥！"

这些专用的街景车四处游荡，为谷歌街景收集影像。虽然它们是想要为地图信息收集社区和建筑物的全景，但它们总会收集到一些奇奇怪怪的影像，比如某个孕妇在街上生孩子，又比如正在进行的毒品交易，再比如一只老虎在郊区的停车场里晃悠。摄影师米什卡·亨纳尔在论坛上搜索"站街女"的信息，把这些坐标信息输入谷歌地图，然后就真的找到了一些衣着暴露的姑娘站在荒凉的马路旁。他们把这些图片编辑成册，取名《没有男人的地方》。虽然大家都认为这些姑娘是妓女，但没有证据证明她们确实是。但论坛里的信息和谷歌街景图像很容易给人们造成这样的印象，警察也可能会以卖淫罪逮捕和指控这些姑娘。亨纳尔向人们展示了：如果地球上的每一个角落都受到监控并被上传到网络，那么我们的身边就会出现这种普罗米修斯式的社会政治现象。他希望通过这种方式让人们警惕滥用技术的潜在危害。

还有一些艺术家则在街景车开到自己社区附近时进行表演。本·金斯利和罗宾·休伊特表演了一场 17 世纪的骑士决斗，他们甚至雇了仪仗队，让人们穿上巨大的公鸡服，就为了在谷歌正式发布的地图信息里加入这些稀奇古怪的景象。有一段视频内容就是谷歌街景车行驶在匹兹堡一段狭窄的街道上，街上刚下完雨还很湿，有一队游行队伍迎面走来，队伍里有人拿着巴松管，有人拿着鼓，车子只能缓慢地行驶。刚开到队伍前面，车就被喷撒出来的五彩纸屑淹没了。终于从游行队伍中间穿过去后，迎面过来的是一群穿着奇异的慢跑者。街景车继续往前开，从这群充满异国情调的人群中穿过，把这些景象记录在了谷歌街景数据里。

🐱🐱🐱

第一张用 Photoshop 编辑的照片，内容是一位黑发女郎，她只穿了一件比基尼短裤坐在沙滩上，背对镜头，她的名字是詹妮弗。这张拍摄于 1987 年的照片景色非常美丽，海水是粉蓝色的，天上飘着云朵，詹妮弗坐在白色的沙滩上，左边是无尽的地平线。这张照片名为《天堂里的詹妮弗》，是她的未婚夫约翰·克诺尔在博拉博拉岛度假时给她拍的。之后，作为程序员的克诺尔开发了名为 Photoshop 的软件，然后把这张照片放在了软件里。对于很多用户来说，《天堂里的詹妮弗》是他们 PS 的第一张照片。

把詹妮弗这张照片放在软件里其实是非常偶然的。当软件的试用版完成以后，需要在里面放一些样本照片，克诺尔随手就把最近的一张 4×6 格式的照片扫描放了进去，而这张照片正好是他未婚妻在博拉博拉岛的照片。完全是偶然的一个机会，这张标志性的照片就这么诞生了。2010 年，克诺尔上传了一段视频，并在视频里演示了软件的照片编辑功能。克诺尔找到了一台非常古老的苹果电脑，在电脑上用詹妮弗的照片演示了一些功能：把詹妮弗复制出来，然后复制、剪裁、粘贴出了一个完全一样的海滩图像，最后把詹妮弗粘贴在了这个海滩背景上。这个过程其实有点惊悚：你看到一个已经存在的图像再一次在你眼前拼凑出来。而且他复制的不是别人，正是他没穿上衣的未婚妻。任何人都可以无限制地复制粘贴她。

康斯坦·杜拉特是一位互联网艺术家，他举办过各种影展。"如果从人类学角度评判它的文化重要性，我认为我们应该以影像的价值为基础，"杜拉特认为，"其实这只是一名白人女孩，没穿上衣的无名氏，背对着镜头。(克诺尔)提供了她的图像，使她具象化，实现了现实场景的再现。"杜拉特认为这张照片的负面意义是史密森尼派需要研究的，我们应该庆幸"我们的世界还很年轻，仍然天真地相信照片都是真实的"。

苏珊·桑塔格在 1973 年呼吁道："一张假的绘画（图片内容

是错误的）会歪曲艺术的历史。而一张假的照片（重新编辑过或照片描述是假的）则可以歪曲事实。"10 年之后，塞缪尔·贝克特在谈到杜尚的作品时，也是如此评价文学的："作家不该这么做。"三四十年前，在没有视觉艺术、数字音乐、网络虚拟身份和电视真人秀的时代，真假、艺术和现实之间的界限还非常清晰。打印照片也仅仅就是黏合剂乳化在一张纸上而已。对大家而言，这些照片和报纸、印刷品、书本一样有着稳定的属性。唯一的区别在于，打印照片需要激光扫描和黏合剂，可是它们终归也只是一张纸质复制品。这些复制品原封不动地显示了原材料的内容。例如施乐打印机打印出来的《纽约时报》和原报纸上的标点符号、字体一模一样。图片也都有作者的授权，标题上也注明了出处。而现在人们在使用新闻网站上的图片时，既没用注明出处，也不说明图片所处的环境。这些图片被人随意引用，没有标注，也不知道这张图片是在何种情景下拍摄的。这些分散在互联网上的图片被人们赋予了成千上万种新的意义。

在《天堂里的詹妮弗》这幅图片里，杜拉特看到的是一段单纯和充满希望的岁月，那时候监视器还没有充斥整个互联网，人们还完全不用担心软件设计、数字鸿沟、复制粘贴和侵犯隐私背后的政治意义。那时候社交媒体还没有充满恶意。这是一段矛盾的岁月——互联网 1.0 时代有一些令人感动和纯真的东西，但同时在种族、阶级、性别和殖民等方面仍存在着盲点。

在杜拉特的作品中，他经常用软件里的工具对詹妮弗的图像进行编辑，把它变成一个扭曲的、抽象的图像。在他 2014 年上传的一段名为《Photoshop 里的詹妮弗》视频里，杜拉特一步一步地滤化图片，直到詹妮弗变成一个模糊的物体，然后再反向操作，把詹妮弗复原为原本的样子，就像博比·谢尔曼作于 1971 年的欢快轻音乐《詹妮弗》的副歌那样。杜拉特没有获得克诺尔的许可就使用詹妮弗这张照片进行编辑，克诺尔发现这件事以后非常生气，他声称："我都不知道他在干什么。"但是克诺尔才是那个没搞清楚情况的人，他根本不知道他的软件如此复杂，还有这种功能。在被问到对杜拉特这个作品的感想时，詹妮弗本人的回答更为感性："互联网美妙的地方就是，人们可以利用网上的资源做他们想做的事情，表达他们的想法或感受。"

比詹妮弗再早 10 年，有一群被称为"图像一代"的艺术家，他们对这种图像二次创作和传播的方式持批评态度。他们将已经存在的照片再编辑，然后对外宣称这些图片的所有权归他们，借此表达批评的态度。流行艺术家喜欢把日常用品作为涂鸦的对象，受到他们的启发，"图像一代"的艺术家们用相机替代画笔，完全照搬了其他艺术家的创作，然后提出一个问题：我们能说这些利用图像技术无限复制的图片归我们所有吗？他们的作品其实比他们的行为更具有批判性。在互联网出现之前，他们就曾对传统的著作权提出过质疑，为今天的图像宏和模因奠定了基础。杰夫·昆斯拍摄了一堆品牌的照片，包括轩尼诗、耐克等，然后放到画廊里展示。谢莉·莱文重新编辑了沃克·埃文斯拍摄于经济大萧条时期的经典佃农黑白照片，然后声称她才是这些照片的创作者。理查德·普林斯则拿着一张西部牛仔骑在马背上的万宝路广告照片，把上面的商标和标题都删了，取名为《牛仔》，暗喻里根时代的到来。这些事情都对我们提出了一个问题：如果艺术家编辑了前人的某张照片，他们是否就可以说是该照片的作者？他们确实按了一下快门，如果真要怪罪谁的话，或许工具比艺术家更该遭到谴责。

凭着这些早期的方法，理查德·普林斯最近把目光转向了互联网，用人们发表在 Instagram 上的照片编辑成了一个名为《新肖像》的系列作品。他未经众人的许可，把这些照片打印在巨大的帆布上，然后挂在画廊的墙上，在旁边加上几句评语，作品售价为 9 万美元。一得知这个消息，整个 Instagram 的所有用户都极其愤怒，认为普林斯用偷来的图片牟利。有一位被盗用的用户声称："普林斯所做的就只是复制而已，这些让他牟利的作品其实是一个女生团队创作的。"这个名为"自杀女孩"的感官派团体拥有 300多万粉丝。但普林斯的所作所为是完全合法的。Instagram 的隐私条款里写道："一旦你共享了你的资源或者公开了这些资源，那么这些资源就有可能被其他人转载。"那些感觉被侵权的人应该去读一读傅拉瑟的话，他们傻乎乎地以为他们的 Instagram 是一本私人影集，保存着他们珍贵的照片。其实这些照片只是用来喂饱那些贪婪软件的食饵而已。这个微不足道的行为，除了帮助它创造了巨额财富，还赤裸裸地嘲笑了人们在面对这些工具时的天真无邪。[1]

2008 年，普林斯完成了新的系列——《运河区》。照片来自一个名为帕特里克·卡里乌的非著名摄影师在 10 年前拍摄的一组拉斯塔法里人的黑白照片。普林斯盗用了卡里乌的照片，放大后印刷在帆布上。这次他并没有完全照搬，而是加入和删减了一些元素，剪切和粘贴了一些图像，或者删除卡里乌原作的图像，留下一片空白。有时普林斯还把照片最上部的颜色加重，其中最著名的一张照片是一个拉斯塔法里人赤膊站在热带雨林里，头上的发辫一直拖到地上。普林斯给他的手里加了一把蓝色的电吉他，把他的眼睛和嘴巴涂黑，画上了蓝色的圆圈。这幅画卖出了 1000 万美元的高价，而卡里乌通过索赔仅仅获得了 8000 美元。这桩案子拖拖拉拉用了 7 年才做出判决，艺术界希望判决符合他们长久以来对盗用的理解，而摄影界则希望能在这个数字影像时代为他们的工具争取更多的权利。2013 年，法院裁决普林斯无罪，认为他把卡里乌的照片进行了转换，因此可以视为合理引用。具有讽刺意义的是，这场战斗其实是在两个虚拟媒体之间展开的：画在帆布上

1　2015 年 12 月，摄影师唐纳德·格雷厄姆控告普林斯侵犯其版权，原因是普林斯复制了一张拉斯塔法里教徒吸食大麻卷烟的黑白照片。这张格雷厄姆发布在其 Instagram 上的照片被普林斯收录在他的《新肖像》系列中。

的画和印刷在纸上的图片。案件的核心既不是画，也不是钱，而是摄影本身，正是博拉索所说的"所有再创造工具之母"。

几个月前，我的一位朋友从她的书架上取出一本普林斯的新书。这本书和他以前的作品一样，激进、大胆。书的理念非常简单：完美地复制第一版的《麦田里的守望者》。只是普林斯把有塞林格署名的地方删掉了。这本书的销量高得让人惊讶，完美地复制了原作，奶油色的厚实书纸，甚至是书里的字体都一模一样。书皮上用熟悉的线条印了一匹愤怒的红马，上面写着："如果你读过理查德·普林斯在《纽约人》上发表的文章，比如说《逮香蕉鱼的最佳日子》《康涅狄格州的维格利大叔》《笑面男》和《用爱与肮脏：致艾丝美拉达》，你就不难理解为什么他的第一部小说写的都是孩子。"这本书与原作完全一致，除了版权页上的这句声明："本书是理查德·普林斯作品。如有雷同，纯属巧合，也并非作家本人意愿。声明人：©理查德·普林斯。"

普林斯认为在给书定价时一定要谨慎：无签名限量版的售价仅为几百美元，普林斯签名版的售价为几千美元，和当时有塞林格亲笔签名的初版《麦田里的守望者》价格差不多。另外，普林斯还把他的盗版书印了很多，放在中央公园前面的人行道上卖，售价为40美元。我们并不知道到底有没有人买、有多少人买了，或者公众对他的这种行为是什么反应。

普林斯明目张胆地盗用价值相对较高的美国文学作品，就是希望塞林格起诉他。想象一下，如果塞林格起诉他，那么普林斯肯定要向塞林格支付赔偿。但是什么都没有发生，也许是因为塞林格为人低调，也许是这本书没卖出多少钱。虽然这件事影响不大，但它其实不仅仅关乎塞林格，更暴露出文化作品在数字时代的现状。这些作品可以被无限复制，而且人们对于创作权和真实性的概念在21世纪已经发生了改变。

网络上的图片呈现出一种"维特根斯坦式"的特点，在文字和视觉之间来回变换，然后融为一体。我们根据图片想到关键词，再输入关键词来搜索图片，而这一切其实都发生在短短一瞬间，我们只需打字输入和点击鼠标就可以了。我在谷歌图片里输入"红"，然后就搜到了维基百科的一个红色方块图片。我以为在维基百科输入"红"就能看到这幅图片，但其实后来才发现这幅图片对应的输入应该是"红旗"，而这就是维特根斯坦所说的"'作为基本颜色的红'和'红旗的红'这两个命题的语言学表现是一样的"。语言和网络图片之间的紧张关系，正是来自伦敦的艺术家小组"索古王"（成员包括菲利克斯·海耶斯和本杰明·韦斯特）正在研究的课题，他们编纂了一本名为《谷歌·第一卷》的书，把《牛津英语词典》里的所有单词都用谷歌图片搜索里找到的第一张对应照片来替代。这本书总共有1328页,第一张是非洲食蚁兽(aardvark),最后则是一张神奇的科学插图,我查了目录才知道,这张图片是发酵酶(zymase),是一种把糖转换为乙醇和二氧化碳的酶。

我随手翻看这本书,想找到"红"的图片,却偶然发现了一张红色的纳粹旗帜,我以为自己已经翻到了字母R开头的单词页。后来我看了下一页的图片,发现是一张"运动衫"(sweater)的图片,然后还有一张扫帚"扫地"(sweeping)的图片,这时我才意识到,其实我看到的红旗应该是"纳粹德国标志"(swastika),三者都是字母S开头的单词。我重新开始找字母R开头的单词,然后就看到了《谍海计中计》(*The Recruit*)的电影海报,还有一张"直肠"(rectum)的医学图片。旁边还有一张照片,里面是一本打开的书,书上印着"左页"(verso)和"右页"(recto)两个单词,我意识到自己马上就要看到"红色"(red)的解释图片了。出乎意料,字典里的图片和我在谷歌里搜索出来的第一张图片不一样,不是一个红色的方块,而是电影《红》的海报。很显然,在他们编纂这本词典的时候,在谷歌图片里输入"红",搜索出来的第一张照片是这张海报。而第二天,或者说再过几天,搜索出来的第一张关于"红"的谷歌照片很可能就不一样了。这本书总共印刷了300册,之后每次再版的时候都会把图片更新为印刷当天在谷歌上搜索到的第一张图片，这就导致这本书每次再版的内容都不一样。

　　来自巴尔的摩的艺术家迪娜·科尔伯曼也做了同样的事情，她建立了一个名为"我就是谷歌"的项目，收集了网络上的图片，然后细致地把这些图片按照正式和非正式两种类型进行分类。把这些来自谷歌和 Pinterest 的图片以一种看似无穷无尽的排版方式排列，用科尔伯曼自己的话说："图片全部被罗列在屏幕上，随着鼠标的滚动，图片开始逐渐变化。房子变成在火中燃烧的建筑物，变成森林大火，变成滚滚浓烟，变成锅炉，变成喷发的消火栓，变成消防水管，变成一捆线。这个网页每周都会更新，一批接一批的新照片，有时候会更新好多，有时候则更新很慢。"第一印象感觉科尔伯曼创造了一个完美的演变过程，每一张图片都可以从语言学和视觉上完美地对应彼此，非常诗意、时髦。但事实是每一张照片都是科尔伯曼精挑细选后自己动手一张张排列起来的。这种编辑方式使她更像克里斯蒂安·马克雷的《时钟》，而不是谷歌相似图片搜索器。谷歌是一款非常聪明的运算程序，但它缺乏那些只有人类才能给某个项目赋予的属性：幽默、精细、讽刺、邪恶、趣味和诗意。这不仅是把现成的图片堆放在一起这么简单，而是科尔伯曼的艺术品位，是她的"目录次序"。就像瓦尔特·本雅明那样，把一座"混乱的图书馆"变成了鲜明的目次。

2013 年当我初次被纽约现代美术馆（MoMA）授予"桂冠诗人"的荣誉后，我非常幸运地获准可以长时间和美术馆里那些伟大的艺术品待在一起。在获此殊荣之前，我曾作为游客来到美术馆，站在那些绘画作品面前，沉醉在周围作品所带来的永恒感里。我认为纽约现代美术馆的精华就是它那些伟大的藏品：那时我基本不会注意到围绕在那些藏品旁边的现代设备。但在我获得每周参观一次的资格后，我就发现纽约现代艺术馆自身和它的现代艺术风格定位决定了它的展品，同时也影响了我观看这些展品的视角。

我发现自己开始用"体制性批判"的眼光来评价艺术品，即傅拉瑟所认为的一件艺术品最重要的是它摆放的方式和它周围的环境，作品本身的内容不是考虑的重点。而传统观点则认为，应该把作品单独摆放在一边突出其艺术价值，不太注重摆放的环境和周围的装饰。傅拉瑟的体制性批判观点认为，作品周围的环境和结构赋予了这件作品特定的意义，而这也在不知不觉中影响了参观者欣赏这部作品的感受。虽然体制性批判最初起源于美术馆，但随着时间的推移，它的影响力已经渗透到了艺术品的创作、流通和美术馆或者收藏家室内布局的各个环节。20 世纪 80 年代，公众媒体开始把体制性批判和艺术批判、学术演讲和艺术展相提并论，而艺术学校也开始开设后期编排课程。至此，体制性批判已经变成了一种制作的艺术和艺术本身。

　　所以汉斯·哈克在 1970 年进行了一次"纽约现代美术馆问卷调查"，调查对象是美术馆的参观游客："由于洛克菲勒市长没有揭发尼克松总统的印度支那政策，你在 11 月的选举中还会投票给他吗？"哈克还特意放了两个树枝箱子，分别写上"会"和"不会"。这种布置非常符合当时以这一事件为基础创作的艺术作品，哈克借此向外界传递了洛克菲勒是纽约现代美术馆董事会成员的信息，把美术馆背地里进行的金钱、权力和政治交易大白于天下。另外一种方式就是从美术馆现有的收藏品里挑选一些作品，然后重新摆放，凸显这些作品的意义。例如非洲裔美国艺术家弗雷德·威尔逊 1993 年批评马里兰历史学会中关于马里兰州奴隶制历史的收藏品展览。在这次展览中，威尔逊把美术馆的一部分展品重新布置，用他自己的话说，就是希望传达"那些美术馆和历史学会绝对不会说的历史——那个时代对非洲裔美国人的歧视和虐待"。其他作品则基本都是与学会本身历史有关的作品。表演艺术家安德烈·弗雷泽则经常冒充美术馆的讲解员，带着参观团队来一次假旅行。她不带游客参观美术馆的作品，反而带他们参观美术馆的保安系统、喷泉和自助餐厅。2003 年，弗雷泽做了一件可能算是体制性批判的终极工作，一位收藏家愿意支付两万美元给弗雷泽，希望与她共度良宵。"这与性无关，"弗雷泽认为，"这是在创作一件艺术作品。"

　　我在纽约现代美术馆看到的体制性批判都不是艺术家完成的，而是由参观者完成的。我在《亚威农少女》和美术馆的其他绘画作品前发现了一种奇怪的现象，技术的变革使美术馆的结构和属性发生了剧烈的变化。参观者们不是虔诚地站在毕加索的大作前膜拜大师名作，而是背朝作品，拿着手机不停地自拍，然后上传到社交媒体。我注意到很多参观者看他们照相设备的时间要比看艺术品的时间还长。美术馆里的座椅原来是为了让参观者坐着静静地欣赏作品，然而现在却被参观者用来坐着自拍。美术馆利用最新技术给参观者提供语音向导，目的是为了引导人们参观，提高参观体验。然而人们的耳机里播放的却是碧昂丝、国家公共电台、Spotify 或者其他别的广播。

这种技术带来的变化发生于文化的各个层面，从高等教育的大量网络公开课到普通民众的维基百科。美术馆里的艺术作品，还有美术馆里那些曾经无懈可击的介绍词在参观者眼里都是次要的。墙上那些作品只是他们来参观博物馆的借口，一旦进了博物馆，他们就开始干别的事情：看手机、更新 Facebook、发照片、发地点、推送消息、直播视频、发短信、打视频电话，什么都有，除了好好看墙上的作品。艺术作品现在就只是个背景，用来证明你此刻在地球的某个地方。美术馆还是非常有生机的——纽约大都会艺术中心 2014 年一共接待了 630 万名参观者——只不过美术馆变成了一个社交场所，而非艺术场所：一个城市广场，聚会的场所，开派对的地方和一个跳舞、听音乐、吃吃喝喝、上网的地方，每个月第一个周三免费听课和每周五免费参观的地方。

07

压缩格式是我们丢失的财产

　　20 世纪 70 年代读大学的时候，我从来都不会带高端的音响设备去宿舍。那时候我们都带着冰箱那么大的扬声器、圆粗的接收器和长得像涡轮发动机转盘的唱片。我们会把这些东西摞起来，然后希望扬声器能把这些东西崩开。我们想重现 1978 年 Memorex 音响的一段经典广告，广告里一个留着爆炸头的家伙坐在阴影里，手紧紧抓着椅子把手想保护好自己的命，从扬声器里出来的声音就像龙卷风一样扑向他，并把他连人带椅子崩开了。很显然，这些人对音乐的品位一般，相比于如何欣赏音乐，他们其实更关心音乐听起来是什么效果。作为一个玩点朋克摇滚的人，我更希望能反着来，用我那个便宜的录音机听听那些低保真、翻录无数次的老磁带。我的录音机上有一个转盘、一个磁带播放器和一个录音机，录音机下面是一对蛋挞那么大的喇叭，这对我来说刚刚好。我小时候会把晶体管收音机的声音放大三倍来听广播：对我来说如果小喇叭里不能放出很高的音乐声，那么就没必要听它。后来有了 CD 唱片，我买了 CD 机，可是我觉得和广播、磁带听起来没什么区别，都是音乐。

虽然对数码时代不太了解，但我知道我听音乐的习惯成为这个时代的主流。在这个时代，音乐都是便携式的，因此音质都是低保真的。为了保存在网络上，也为了我们能快速下载到自己的电子设备里，所有的音乐都因为数字压缩而失去了良好的音质。不过大多数人听不出来 Mp3 和 CD 的区别，尤其是你只用一副小小的白色耳机时就更听不出来，不是每个人都能对这个感兴趣。尼尔·扬这些年来一直抱怨数字时代降低了我们的音乐体验，连 CD 都是压缩过的。扬认为这些 CD 只包括了原始音轨里大约 50% 的信息，而 Mp3 则只有 5%。他最近甚至以此为主题制作了一部咆哮的混音作品，名为《回到过去》，和扬的其他作品一样，他希望借此缅怀过去美好的时光。"我们生活在数字时代，"扬痛苦地说，"但我们听的音乐质量却在变差，而不是变得更好。"

那么另外 95% 的信息哪里去了？在压缩的时候这些信息都被删除了，这样才能让 Mp3 变得更小，能让 Mp3 在网上传输。未经压缩的数码格式拥有完全的解析度：你能听到 100% 的原声，但是内存庞大且难以加工。在 20 世纪 90 年代，见证了网络爆炸式成长的科学家们开始研究如何把好听的音频文件缩小，从而实现快速上传和下载。他们使用了一种名为有损压缩的技术，这种技术能把过多或者不必要的信息给消除掉（所以是从"失去"衍生而来的）。当你把 CD 拆解成 Mp3 的时候，进行这一转化过程的编码器就会造成有损，它能把人耳听不见的或混成一团使人耳无法分辨的所有声音删去。压缩是一种花招，它能把一首歌变成漏光的百叶窗：你的耳朵和大脑会自动联想起漏掉的部分，并填进缺失的地方，造成一种听到连贯的完整声音的错觉。在无损压缩格式下，比如 FLAC（无损音频压缩编码，这种格式适合下载但不适合上传），能从压缩过的版本里再现出原始的、未经压缩的数据。

在 Mp3 发展的过程中，有损压缩技术在大型光盘上测试过，20 世纪 50 年代末，尼尔森·里德尔在改编弗兰克·辛纳屈的歌曲时就使用了这一技术。这些歌曲的收听效果非常好，歌曲内容非常丰富，其中因有损压缩缺失的部分几乎没人能注意到。然而有一天，一位研究压缩算法的科学家沿着实验室走廊散步时，听到收音机在播放苏珊·薇格的无伴奏版《汤姆的餐馆》，他停下了脚步，开始思考如果把压缩技术应用在这样无伴奏的纯人声上会有何结果。他认为这是一个关键性的课题：如果像薇格这样原始的、无伴奏的人声压缩以后都能让人听不出来压缩前后的区别，那么压缩其他音源就更不成问题了。通过几次修改后他成功了，而这首歌也让苏珊·薇格赢得了一个有些尴尬的头衔——"Mp3 之母"，应该是一个她绝不想要的称呼。

最近一位名叫瑞恩·马奎尔的音乐系博士生做了一个项目，名叫"Mp3 内的鬼魂"，他将《汤姆的餐馆》压缩版的 Mp3 收集起来，自己编曲重新呈现这首歌曲。正如这个项目的名称一样，这首歌听起来非常古怪，就像是薇格的歌曲被切成了碎片，然后被扔进了外太空。听者还能勉强识别出歌曲的结构，但其实这首歌已经被拆解分散了，只剩下无力的回声和无数的混响。薇格破碎的声音伴随着零星的随机数字信号，初时响亮清晰，继而无缘无故地忽然消失。听完马奎尔所作的这首歌后，整体感受就像见鬼了似的，就像在听薇格版的反面，或者是先锋派环绕混音的改编版。

尼尔·扬还是说对了："我们失去了听觉体验的丰富度。"但是令人惊讶的是，很多人似乎并不关心。技术遗留的文化产物的瑕疵自然而然进入了我们的记忆之中，尽管这些瑕疵对一部分人来说不堪入耳。从 20 世纪 60 年代菲尔·斯佩科特的声音之墙，到 80 年代流行音乐用到的笨重的美光牌合成器，再到近期自动调音设备的飞速发展，整整一代人都对这些经过修饰的音乐上了瘾。斯坦福大学音乐系教授乔纳森·伯格曾提到，相比于高品质格式的音乐，他的学生更喜欢 Mp3 格式的音乐，因为它给他们这一代人的声音赋予了意义，他们将之称为 Mp3 的"哗哗声"。这种 Mp3 压缩格式特有的声音就是他们年轻一代听觉体验的标志，正如我们把黑胶唱片的跳针和杂音当成我们这代人的标志。CD 出现以后，经常会跳针和出现杂音的黑胶唱片的声音逐渐成为怀旧和讽刺的标志，消融了电子音乐格式的寒冰。有时候，CD 音乐开头时会发出唱针搭上黑胶唱片的声音，以此提醒人们，新技术会与旧技术相互纠缠。

Mp3 在漫长的压缩工艺和技术开发史中是最新的格式。对于大多数人来说，如今便携的好处超过了我们失去的全方位的听觉体验，要知道苹果公司给第一代 iPod 打出的诱人口号是"你口袋里的 1000 首歌"。同时，尼尔·扬尝试通过开发他自己的音频格式和播放器来弥补那 5% 的缺憾，他将这种半便携式的技术称为"珀诺"，能弥补音频缺失的部分，还原全方位听觉体验。但收到的评价最多只能说是毁誉参半：当一组受测团体蒙上眼睛试听时，他们分辨不出珀诺和苹果手机的区别；当戴上耳机，以 Mp3 格式播放的苹果手机播放的声音赢得了对比。流媒体音乐服务并不能提供更好的听觉体验，为了更轻便地传递音乐，他们不得不压缩音乐。尼尔·扬最近把他的音乐从 Spotify 之类的流媒体音乐平台撤了下来，并声称"我再也不会尝试流媒体了……事关声音质量，我不想让我的音乐因为广播史上最差的播放质量或是其他任何发行形式而贬值……等到质量回归了，我才会再仔细考虑一下。世事无绝对"。（事实上，扬口中的"世事无绝对"也许会随着无损压缩文件的到来成为定论。）

19 世纪末，视觉艺术开始打破前工业化时期千篇一律的浪漫概念，在这样一个工业产品在流水线上被挨个吐出来的时代，谁还能把世界看作统一的整体呢？所以，在塞尚的静物画中，他把苹果的每一面一次性画出来，终结了认为"世界是通过我们的观点（且仅从我们的观点）展现出来的"这一理论。反之，所有的事物和想法都可以进行不同的诠释，就像是充满可能性的潘多拉魔盒。立体派画家们加大筹码，比塞尚更进一步，由一人多方面观察一件事物，发展成多人从多角度观察多件事物。他们破碎的画面代表着一种四维的观察方式，也就是同时展现所有的视角。他们展现的是一种联结的版本，驾驭着群众的力量而非个人孤立的看法。通过这种方式，立体派画家期望能把普通的算法从众包转变成"蜂巢思维"以及"群体智能"。电影院急速蒙太奇的实验和对图像机械式的大规模表达激发了他们的灵感。在列夫·曼诺维奇的《新媒体语言》中，这位历史学家用流畅的文字叙述了电影院与算法DNA 融合的过程。比如说，艾伦·图灵的通用图灵机的工作原理是在无尽磁带上读写数字，这与放映机从胶卷上读取数据的方式是一样的。德国工程师克兰德·楚泽在 1936 年制造出全世界最早的电脑之一，这台电脑能利用废弃的 35 毫米电影胶片的原理进行运作，绝不是巧合。

意大利的未来派画家与立体派画家一样，开始把动画的原始形态吸收到他们的画作当中。贾科莫·巴拉的画作《拴着皮带的狗的动力》（1912）展现了一只腊肠犬快速奔跑时模糊的四肢。其实，画上的每一样运动物体都是这样通过模糊的方式描绘的：皮带就像一条条穿过空气无数次地摇动起伏的影子般的线；遛狗人的脚是由几十只腾空的鞋子构成的。未来派画家赞美基于动态的绘画技术，逐帧描绘出汽车飞驰的速度，流水作业线有节奏的重击声，以及机关枪的"突突"声。

巴拉在 20 世纪初期在画布上的动态描绘距离如今的 GIF 动图时隔并不久。GIF 动图就像有损 Mp3 一样，是一种分辨率很低的格式，计算机术语称之为图像锯齿，它因为放大低分辨率的图片时会看到边缘锯子般参差不齐的像素而得名。GIF 动图就像翻页动画书一样，是通过把一系列静止图片按序排列制作出来的，能让人回想起最早期诸如幻灯机、西洋镜一类的动画电影技术。最好的 GIF 动图就像口袋里的电影院，叙述事件或逗人发笑，一切内容在几秒内全部展开，然后无限循环。由于动图没有声音，它们必须通过视觉图像把强烈的想法完整地表达出来，就像 20 世纪初的默片一样。动图也十分简短，与发明西洋镜的爱迪生和改造西洋镜的卢米埃兄弟一样，他们放映的内容一般都不会超过 30 秒。

GIF 动图与诸如绘画、卡通和电影院等早期的技术有千丝万缕的关系，但是制作 GIF 动图是一种现代工艺。直到今天，眼花缭乱的 GIF 动图或多或少还是需要亲自制作的，没有捷径可走。尽管 GIF 动图已经产生 20 年了，但仍需要逐帧地精心编制，这也是它们现今还如此珍贵的原因：人类和机器的合作使得 GIF 动图作为一项技术类民间艺术一直保持着活力。

有这么一种理论认为，某样事物消失之际同样也是重生之机，它能将自身转化出新的形式和用途。比如说，当一匹马作为交通工具被淘汰的时候，它又能在娱乐领域找到新的角色；又比如在手机时代，每个人口袋里的手机就相当于一个时钟，而腕表就从计时器进化成了奢侈品；杂志曾是一种信息来源，如今它们就像是放在咖啡桌上当作摆设的书一样，只不过制作更精良，但人们只会粗略浏览，而不会细细品读。同样，因为视频上传技术的发展，GIF 动图也处于消失边缘，此时一小群 GIF 动图制作者把它变成了一项手工艺，这群人把粗糙的信息交流方式改善成了一种艺术形式；把不稳定的低分辨率格式转变成了丰富的循环图像序列，以一种疯狂压缩的方式把无数丰富的信息表达了出来。尽管一开始动图是用来传达真实信息的，但这一角色被视频和 Flash 取代了，于是动图就变成了带有趣味性和工艺性的形式，就像广角照片一样利用视觉手段提供快速和强有力的说明。

就在这时，动图吸引到了 Tumblr（汤博乐）的创始人大卫·卡普的注意，他对新一代 GIF 动图十分喜爱，于是将自己的平台 Tumblr 向动图开放了，这一举动使得动图有了爆发性的增长。时至今日，据 Tumblr 所称，每天都会有 2300 万幅动图上传到 Tumblr，而最近才开始支持动图模式的 Facebook 则称每天通过其消息传送应用程序发送的动图有 500 万幅之多。就像表情符号一样，动图能够通过压缩的形式传达非常多的信息，这种寓意丰富的图片抵得上 1000 字。

麦克卢汉将 GIF 动图称作"冷媒体"。低分辨率图像的所有形式都是冷的，高分辨率图像的所有形式都是热的；好莱坞是热的，而 GIF 动图是冷的。热媒体能为你做很多事，在电影院里，你能看到目前为止分辨率最高的巨型影像。麦克卢汉认为，这样的状况把看电影的人变成了被动的旁观者，分辨率太高导致无法施展感官想象力。所有的留白都被填满了，你只能坐下欣赏。叙事的复杂性能通过热媒体非常完美地展现出来。曲折的故事情节结合高超的电影摄影技术，一起呈现在巨大的银幕之上，这就是我们认为的最佳观影体验。

而低分辨率形式，或者说冷媒体，就需要你自己做一些事，就例如之前 Mp3 的例子一样，你的耳朵需要自己填上空白的间隙，这样才能给自己一种正在听高分辨率音乐的错觉。冷媒体的视觉形式包括连载漫画，你需要自己联想出前后两幅漫画之间的联系，又比如在看电视的时候，你的眼睛必须把像素间距填满，从而产生一种连贯、丰富的视觉体验的幻觉。你可以认为，作为一个需要无数次参与的巨大压缩机器，整个互联网就是冷媒体。通过这种方式，冷媒体产生了基于网络的 DIY 理念，邀请你去个性定制、修正补充，以及重新合成它的产品。

你可以认为热媒体很"强"而冷媒体很"弱"，但是就这两者来说，强并不意味着好，而弱并不意味着坏，真实情况恰恰相反。过去的 10 年间，艺术历史学家黑特·史德耶尔和鲍里斯·格罗伊斯在论作中大力支持"弱图像"，他们认为在数码时代，比起强的或者热的产品，弱的或者冷的产品更加大众化。互联网以及通过互联网传播的产品，例如 Mp3、GIF 动图、Jpeg（图片格式）、AVI（视频格式）等，相对来说都是低分辨率或者说弱的产品。弱产品强大的秘诀并不是分辨率或者画面质量，而是内容的丰富性和易获取性，只要愿意，每个人都能用很小的代价甚至免费拥有这些弱产品。想象一下，是舒服地待在家里只要轻轻一点就能免费拥有低分辨的 YouTube 视频，还是走出家门去电影院花钱换取强烈的视觉体验？当然这是两种完全不同的体验，但是史德耶尔和格罗伊斯认为，弱体验更强大，因为它环保经济，并且容易获取。由于压缩率很高，连 HD 流媒体视频格式都比 HD 或 DVD 视频要弱。

当然这种事情并不新鲜：非法私制的 VHS（家用录像带）和街边摆摊卖的 DVD 很久以前就已经成为弱图像大众化本质的一部分，它们只需几美元就能买到，并且观看效果不太理想。吸取街头文化和反主流文化的内涵，史德耶尔构建了所谓的弱图像作为对抗消费主义的一种形式："在图像的阶层社会里，电影院是相当于旗舰店一样的角色。在旗舰店里，高档产品在高档环境里出售。而同样内容的低价衍生品，如 DVD 等，就被当作劣质图像在广播电视和网络上流传。"从政治的角度上来说，她认为强图像是站在"官方"文化：资本和企业那一边的；而弱图像是站在"非官方"文化：文件共享和个人那一边的。她对图像的分类从政治角度进行了调整："劣质图像就是一块烂破或是一个裂口，而在画面展示的阶级社会中的流氓无产者，诸如 AVI 或者 Jpeg 之流，则是根据分辨率进行评级和估价。劣质图像被上传、下载、分享、重制格式并且重新编辑。"

史德耶尔的逻辑有着人道主义的压力。文件分享网络创造出社群体，通过交换文化产品把全世界的人连接在一起。每当一部电影被剪辑、重定格式、重新合成、分享、制作字幕并且重新制作字幕之后，这部电影就承载着人类的痕迹、标记着人类的意图。这些被改造过的弱图像都是复写本，只能记录下人们对于官方的、内存不足的文化的体验，而这种文化被密封保护起来，只承载着一个印记——那是企业的印记。

因为弱产品处于不断流通当中，所以它们十分有用且充满活力，腐朽的 35 毫米胶卷则与之相反，这些胶卷在黑暗的档案馆里失去活力，只会偶尔拿出来在电影节上放映，但也只有寥寥几个观众会去观赏。而私制盗版碟能流通正是因为它有使用价值。在 20

世纪 60 年代末，古巴籍导演兼编剧胡里奥·加西亚·埃斯皮诺萨曾写过一篇宣言《致不完美的电影院》，在这篇宣言里他甚至声称："在技术上和艺术上都十分精湛的完美电影院，几乎都是保守的电影院。"完美的电影院是好莱坞造就的，不完美的电影院可以是任何人造就的。"如今的电影，"他抱怨道，"不论哪里的电影，都是一小批人为一大群人而制作的。"而随着"超级 8"摄像机的出现和 20 世纪七八十年代录像机的普及，这种情况发生了改变。但是埃斯皮诺萨的预言成真了：引用德国概念艺术家约瑟夫·博伊斯的话来说："在 YouTube 时代人人都是艺术家。"由于任何人都能制作并且浏览弱图像，弱图像于是变得十分流行。压缩技术使得弱图像能够高效地穿越远距离，通过损耗部分信息换取了速度。史德耶尔认为："这就是它们最终能与信息资本主义完美融合的原因，因为这种资本主义得以蓬勃发展的基础是压缩注意的广度，注重的是印象感而非沉浸感，是紧张感而非思考度，是预览而非播映。"

所以这变成了一个数量问题。谁有那么多时间把所有这些产品消费一遍呢？"每个人都是艺术家"固然很好，但是如果都没有人观看你的作品，那有什么用呢？鲍里斯·格罗伊斯在埃斯皮诺萨的理论上加上了 21 世纪发生的改变："以前，几份精心制作的图像和文字能供数百万的观众和读者欣赏，而如今数百万的生产者制作文字和图像是给某个时间很少或没时间的观众来阅读观看的。从前，一个人是为了公众的注意而努力竞争，所以他们会创作出特别强烈和令人惊奇的图像和文字，这样才能抓住大众的眼球，即使这些注意力只能维持一小会儿。"

🐱 🐱 🐱

在 GIF 格式之后又出现了 Jpeg 格式，比起 GIF，Jpeg 是一种能更加细致地处理图像的压缩格式。这种压缩方式和有损 Mp3 十分类似，需要依靠人类的精神性视觉系统自行填补上缺失的信息。当 Jpeg 图片被打印出来时，能让图像在屏幕上显得好看的信息全都损耗掉了，从而会产生像素结块的现象，因此印出来的照片才没有相机里的那么好看。但是对于某些艺术家来说，低像素（冷媒介或弱图像）的失真能让他们迈进 21 世纪抽象主义的大门。

从 2007 年开始，德国摄影家托马斯·鲁夫从网上选取低分辨率的 Jpeg 图片，然后把图片按超大的比例放大，把它们当成定制的巨幅照片进行展示。他使用的是贬值的做法：从网上选取 Jpeg 图片，然后把分辨率改成更低，再进一步压缩，这样一来图片就变成了——用他本人的话来说就是："可能是画面质量最差的 Jpeg 图片，那正是我想要的。"这种大小上的巨大改变非常惊人：从指甲盖那么小到两米那么大，他的摄影主题也令人咋舌，选题非常之广泛，从色情照片到新闻网站的灾难图片，比如燃烧的双子塔或处于可怕围攻中的巴格达。就像史德耶尔的弱 AVI 视频格式或者伯杰教授那些喜欢 Mp3 咝咝声的学生一样，鲁夫的照片是人类介入和技术印记的表现。当放大到那种程度的时候，你真的能看到运行的压缩算法，因为任何视觉系统补充完整的表象都被运行中的像素化那复杂的阴影所压倒。这些照片反映出的我们的电子图像最根本的结构是网格，是一种相当基础的二进制系统，当通过算法的时候会欺骗人眼自动修补空缺，从而制造出无缝衔接的图像。鲁夫的照片在现实主义和抽象主义之间游离不定，既是两者，又两者都不是。

在他的作品《裸体》中，放大到巨大的色情 Jpeg 图片把欲望的对象分解成了像素构成的噩梦。鲁夫似乎是想说，在网络上，放大后近距离观看到的色情照片仅仅是一堆像素、一场幻觉而已。当你从远处观赏《裸体》的时候，图片能构成和谐一致的整体，激发出人的欲望，但你靠得越近，这种感觉就会慢慢分崩离析。此刻站在作品面前的你就像《王牌大贱谍》中的奥斯汀·鲍尔斯一样，终于明白围绕在身边的佳丽其实根本不是人，只是女机器人罢了。

鲁夫的作品把压缩技术具象化成了艺术研究的基础，而艺术研究正是我们日常体验的核心。他问道："要多少视觉信息才能识别出一幅图像？"对于大脑和电脑，只需要很少的数据就够了，这两脑为了达成快速理解都会选择走捷径……我们的大脑非常擅长补充与诠释，甚至最低的分辨率都能让它脑补出图像。

08

140 字是文学创作的新动力

"我第一次看到糊影，是在谷歌上查阅《杜威十进制分类法系统》扫描本的时候，扫描人员的手完全挡住了书的目录。"艺术家本杰明·沙金写道。这个扫描文件里的影子使他困扰：一只棕色的手放在一本漂亮的旧书上面，食指上裹着亮粉色的橡胶套子，安全套似的，在这一页的角上有一块水印写着："由谷歌数字化。"

沙金是罗得岛设计学院平面设计专业的硕士研究生，他有一项作业是从布朗大学的图书馆里找到一本能为一系列项目提供基础知识的书。尽管能拿到实体书，但是他发现通过谷歌电子书找书更加便捷，大家都是这么做的。有一次他找到一本第一手材料，并且读得非常入迷，于是他开始在布朗大学的特色馆藏里挖掘更深层的内容，而这些特色馆藏书籍也是由谷歌进行了数字化。他发现了很多反常现象。"除了手和手指，我还遇到过书页透过纸巾扫描、书页翻了一半就扫描、折页地图和图表没展开就扫描的情况，"他解释道，"这样的例子比比皆是，让我特别纠结，我下载了好几个 G 的 PDG 文件，全存在硬盘里。"他把所有这些最奇怪的发现，收录进一本名叫《谷歌之手》的书里，集成了 12 本手工缝制书系列中的一本，在这一系列书中，每一本都集中描写一种特定的扫描小错误。通过社交媒体，他结识到了志同道合的朋友，他们开始互换作品。

网络上有几种"谷歌之手"的集合版本，每一种都和沙金看到的一样怪异。这样小众但正繁荣发展的亚文化以 Tumblr、实体书、照片、在线视频和画廊装置的方式，记录着谷歌电子书的扫描历程。这种新鲜的事正在发生，把对于纸质书的怀旧感和对于大众数字化的担忧放在了一起。痴迷于一页页地在谷歌电子书翻查，希望能碰巧发现尚未发掘出的小错误。这种现象在 Tumblr 被深入地记录了下来，被称为"谷歌电子书的艺术"，总共收集了两种图像：承载着一本纸质书的历史的电子化污渍，以及扫描造成的数字化错误。在记录的网页上，"电子化污渍"部分展示了很多写在古代手稿上的旁注、该世纪中叶的"到期日"图书馆图章、烟渍、蛀洞，以及被夹在书页之间鲜花的影子。"数字化错误"则展示了翻页时被影印下来的书页，造成了严重的扭曲和失真，还有由于分辨率太低造成木版画过度曝光的情况，也有由于程序错误导致把十四行诗变成像素化马赛克的例子，而扫描人员的手的图像则到处都有。

对于谷歌电子书数字化错误的着迷，究其来源，是因为这些错误是被记录下来的、永久的。2013年，丹尼·钦法官判决谷歌为使数百万本书便于查找而对其进行的所有扫描都是合法的。将来会有越来越多的人选择查阅谷歌的扫描书。扫描界面本该是无缝的，但由于谷歌执行扫描计划的速度极快、数量极大，所以谷歌也无法辨识并且消除所有的干扰。毫无疑问下一代人也会困扰于这些古老的污渍和扫描人员的手。

保罗·索洛里斯就是其中之一，他经营着一家位于长岛市老工业区的图书馆，名叫"纸印网络图书馆"。索洛里斯以前是平面设计师，后来成为插画家。他把网上所有的材料都下载下来，装订成纸质书，放进了自己的图书馆。其中有一本书只不过收录了几十页图片，都是由于谷歌地图算法瑕疵而让电子版公路显得凹陷的图片。还有脏兮兮的、装订出来的电子书，里面包括打印版的 Twitter 简讯、以视觉诗形式呈现的关于 Captcha（"全自动区分计算机和人类的图灵测试"的简称）的书、从 Flickr 里精选出来的眼睛发绿光的小狗照片合集，还有很多书是像米什卡·赫内尔这样的"摄影家"从谷歌街景里挑选奇异的照片集合而成的。大多数书都是按需印刷的廉价书，但是有一些却是高水平制作的艺术书籍。这座图书馆里最美的一本书，是包含了成百上千种对《蒙娜丽莎》改画的 Jpeg 图片的画集（试想一下把蒙娜丽莎改画成外星人的样子，一个 14 岁孩子的作品），这本画集印在手工制作的厚实书页上，然后折叠好放进昂贵的书套里面，这种粗制滥造与精心制作的结合出乎意料地和谐。那里还有体量大得很荒唐的书，比如多达 96 册的《其他人的照片》合集，材料只是随机从 Flickr 的网页上找到的。

尽管这些图像都很好玩儿，但是人们却很容易忘记，其实它们都是隐形劳动力大军——"谷歌之手"扫描出来的作品。居住在布鲁克林的艺术家安德鲁·诺曼·威尔逊的艺术作品 ScanOps 的主题正是"谷歌之手"。他的计划开始于 2007 年，威尔逊在位于谷歌园区的一家视频制作公司工作。他发现那里的工作人员有着非常大的区别，一类就是 ScanOps，深居在他们自己的办公楼里。他们负责数据输入，也就是神秘的"谷歌之手"的主人。威尔逊对他们产生了兴趣，开始拍摄他们沉默地开始和结束 10 个小时的轮班。他能在谷歌保安抓住他之前拍到几分钟的视频画面。他写了一封信给上司解释他的动机，他在信中写到大多数 ScanOps 的工作人员都是有色人种。他写道："我对于阶层、种族和劳工问题很感兴趣，出于好奇心，我想向这些工作人员询问一些问题。"很快，他就被解雇了。

他的视频后来变成了一项艺术作品，名叫《谷歌大门》，这个标题取自第一部上映的电影《工厂大门》（1895），由卢米埃兄弟拍摄，后也有德国导演哈伦·法洛奇翻拍并用了同样的名字。威尔逊在谷歌的经历也导致了一系列优秀画廊作品的产生，这些作品都是颜色饱满的大幅彩色照片，上面拍摄了同一批工人的手。威尔逊提醒了我们，我们自己，也在把劳动力贡献给公司的效益。他写道："很多人使用免费的谷歌应用，包括 Gmail、云存储、谷歌电子书、博客和 YouTube 等，每一个人都以自由的方式输入数据，成为这个公司的知识工作者。在这些应用平台上，知识被认为是公共的，谷歌从信息和知识交换的过程中获取收益，在这个过程中创造附加值。当我们了解并使用谷歌的时候，谷歌就成为工厂。"

索洛里斯把纸印网络图书馆称为"集合的集合"，大多数内容都是按需印刷的。事实上，他说过："我可以卖掉纸印网络图书馆，然后再预订印刷，只要几天就能送到我手里。"电子阅读器的出现，使很多人对于纸质书的消亡感到绝望，曾有段时间，似乎一切都朝着一个方向发展：书店数量骤减，而电子书的销量猛增。2015年发生了意料之外的转折，电子书销量开始下降，而纸质书销量开始再次回升。原来这两种阅读模式人们都喜欢，不论是在火车上看 Kindle 还是在家看实体书。另外，类似于 Lulu 这样提供廉价的按需印刷服务的机构，在出售任何标题的实体书的同时会附送免费的 PDF 电子书，如此一来人们就能够买到索洛里斯出售的那类书，也再次证明了我们游离其间，两者都不是。横跨在实体书和电子书之间，我们能同时占据许多不同的空间，这是 10 年前想都想不到的事情。

假如诗意离开了诗歌怎么办？就像猫王离开了演唱会现场，当他的加长豪华轿车已经远去，观众们还久久地停留在舞台之下，尖叫着想再听几首。但是诗歌已经从后门溜走，进入了网络，改头换面变成了新形式，一点儿也看不出来是诗歌了。我们所了解的诗歌，是印在纸上的十四行诗或是自由诗体，跟手制陶器或者缝制被子非常类似，即使处于文化的边缘，仍会不断地绵延下去。但是网络的模因正在迅速发芽，产生的现代主义极端形式是现代主义自身都从未想象到的。

这些是加拿大媒体学者达伦·维什勒的观点，他能把模因文化和当代诗歌进行让人意想不到的联系。"这些作品，"维什勒声称，"不被看作是诗歌，写出这些作品的人都没有诗人的身份；它们杂乱地传播流通，有时候是匿名情况下流传开来的；它们也没有碰到能把它们看作文学的释意群体。"这样的例子包括手抄了一整本《哈利·波特与密室》的尼日利亚网络骗子，把整本《白鲸记》改写成表情符号的数字工程师，以及把《尤利西斯》转换成二维码的图书馆学家。

维什勒把这类活动称为"野生概念主义"，参考的是 20 世纪 60 年代概念主义艺术关于再构造、从而重定义艺术精神概念这方面的理论（想一下杜尚的小便池吧）。当时的概念主义项目是由一种前互联网强迫症制造出来的，例如索尔·勒维特用照片对他曼哈顿公寓里面的每一件物品、每一个角落和每一个裂缝都进行了详尽的记录，或是谢德庆在长达一年的时间里每隔一小时准点给自己拍照。今天的野生概念主义艺术家让以上这些人显得乏味了起来。经常能在博客上看到有人从 2007 年开始记录自己的每一个喷嚏，或是有人每天都拍摄正好一秒的视频，然后把这些视频通过延时功能混合串联在一起。还有一个人偷偷地把他三年间跟一个女孩的所有对话录了下来，而这个女孩则记录了她每天吃进嘴里的每一口食物。这当中有一些人并不是有意识地把这些活动当作艺术作品来构思的。维什勒认为，他们所做出的行为与 20 世纪 60 年代概念主义的做法非常接近，这两者间的联系是无法忽视的。

他说得没错，年轻的作家认为回收利用这种"拾得"诗并将之上传到自出版平台 Lulu 上是很刺激的事。他们创造了按需印刷书籍，虽然这些书可能永远都不会被印刷出来，但能作为 PDF 格式活在 Lulu 上——这些书真正的出版者和经销商。这里面包括巨大、荒唐的书，比如收录了每一条包含单词"McNugget"（麦乐鸡）推文的书，多达 528 页；或是收录了 Discogs（音乐网站）一小部分线上乐手的清单，这份清单来自被遗忘许久的老黑胶唱片，收录了超过 400 页；或者是把格特鲁德·斯坦因晦涩的现代主义文章《软纽扣》转换成难以辨识的电脑代码；还有一本 58 页的书列出用诗人名字所作的诗，并且附上了他们可能的经济状况："约翰·阿什贝利是位富裕的诗人。""阿米里·巴拉卡过着小康生活。"

　　质量无关紧要，对于这种内容，重点在于我们周围语言的数量之巨，也在于对这么多数量的内容进行改写的难度。在过去的 10 年里，作家从网络上挑选材料，由此做出的书重点在于收集而非阅读。尽管这些书会被其他用相同模式做书的作者引用，但是否有人会真的阅读这些书还不清楚。还有少量的评价体系来鉴别哪些书比其他书要好。目前来说，这些作者在一个扁平的、平面的领域上活动，他们创造出一种作品的共有主义，这种主义奉行的是思想和作者是可以互相交换的。

　　这种共有主义在小型艺术博客 Jogging 上表现得很明显，在 Jogging 上，Jpeg 图片形式的艺术作品是半匿名上传的，但就像所有的博客一样，这些作品会一直存在，直到被更新的作品挤下页面。这是一种短暂的健忘式的数据流，能把艺术世界里市场导向的风潮变成网络的全球可见性。在 Jogging 上，个人上传的作品并不真的重要，这个博客的核心在于不间断、不停歇的信息流。Jogging 上最好的图片都是小心翼翼游走在尖锐的幽默感和怪异的模糊感之间的，比如那张被修改过的菲德尔·卡斯特罗的标志性黑白照片，照片中他抽着他那世界闻名的雪茄。这张照片的作者在网上找到照片之后做的唯一改动就是在雪茄的末端加上了一个合成的蓝光点。图片的标题透露了他这一改动的效果——《切·格瓦拉吸电子烟》。其中的搞笑意味不够明显，无法成为文化基因，这张照片对20世纪的偶像进行了21世纪式的淘气改造，这张照片把对权力的批判、商品、历史、广告和技术融合成了互联网的现成作品。另一张图片的标题是《水下无线路由器》，内容正如标题所述的：一个无线路由器被合成到了游泳池的池底，而附近还有游泳的人悬荡着的脚。这张照片似乎出自《大白鲨》，通过数字时代进行了加密。对娱乐和技术，即标志性作品和 Jogging，进行的超现实变形把休闲和危险合并在了一起：插着电的路由器会不会以比鲨鱼咬死人还快的速度电死人？或者说这是不是一种新技术，让人在水下也能连上 Wi-Fi，这样游泳的人潜水的同时就能发推文？到目前为止，这只是个科幻的想法，但是在未来的"事物的互联网"（在这种条件下，例如家具一类的智能日常事物能通过网络互相沟通）中，我们肯定能在游泳的同时通过电路连接到游泳池的网络，在水下发推文。

这些作品注定很快就会被喜爱、被转发然后被忘记。它们拥抱着屏幕的亮光，赞美模因作为艺术遗产的生命长度。讽刺的是，因为 Blogger（博客网站）在2014年关闭了，所以它们现在被永远保存下来了，或者起码要保存到有人终止 Tumblr 的业务。到那时，聚集在一起的图片将会被编入索引、被搜索、被下载了太多次以至于它们已经无法从网络上被消除了，从而能在网络万神殿里永远占据一个位置。在 20 世纪，许多声称想要烧掉博物馆的艺术家最终都被载入了博物馆。21 世纪也是一样：想要通过或绕过传统的稳定形式的年轻艺术家，一不小心就被搜索引擎保留了下来，为后代所知。

50 年前，当安迪·沃霍尔说出"我想成为机器"以及"不去关心他人，生活会更轻松"的时候，他是把基于机器的作品所蕴含的正式的、情感上的清洁度浪漫化了。毕竟，人类容易带来脏乱差。沃霍尔的言论被当今的网络诗人进行了延伸，比起有灵感的诗人，这群人更像是丧尸，他们把迟缓的语言学素材收集起来塞进程序里，再打开开关任其自由发展，最后生产出像维基解密文件那种大体量的诗篇。把作家想象成一台模因机器，他们写作只是为了在互联网上泛起一点涟漪，快速出现又快速消失。把诗歌想象成是广阔的、即时的、横向的、全球传播的、极薄的，而最终却是一次性的事物。

🐱🐱🐱

罗伯特·斯科瑞克是一位绘本作家，他画无创作性漫画已经超过 25 年了。他从 *Raw* 杂志（他也向其投稿）和约翰·凯奇（他曾经把凯奇的即兴乐曲《不确定性》绘制成连环画）处汲取灵感以后，细致地重绘了著名的历史漫画，并把它们和经典的文学作品混合在了一起。他的作品《杰作漫画》收录了一些古怪作品，比如把但丁《神曲·地狱篇》画成一系列的儿童漫画，还有将加缪的《异乡人》改编成《超人》漫画的故事线。

他最近的作品发生了更加概念化的转变。这一次他不再把漫画与经典文学相结合，而是与 iTunes 的条款协议结合起来绘制了总共 70 页的作品，并出版了 3 本漫画书。"不采用那些没有人读的经典好书，"斯科瑞克说道，"我选用了大家都没读过的条款协议，做出了一本难懂的书。"所有经典的漫画主角，比如查理·布朗、呆伯特、蜘蛛侠、小富翁里奇都被画成了史蒂夫·乔布斯的样子，满是杂乱的胡须和圆框眼镜。每一页都呈现一个不同的卡通形象，每个角色都在书后的参考书目中注明来源。漫画里充满着可爱的细节，史努比的狗屋上刻着苹果的商标；地狱男爵摆出乔布斯的姿势，和一个听着 iPod、耳机线从头两侧垂下来晃晃悠悠的魔兽战斗。

为什么会想画这些呢？我向斯科瑞克问出这个问题，他回以先锋派的答案："把最荒唐的文字放进漫画里算什么行为呢，最不可能做的事情？"令人惊讶的是，考虑到这些作品的性质，他居然没遇到法律问题，因此他还专门去查了法律条款。这让他开始疑惑，这么多小小的合法漫画本是否真算得上什么成就。

斯科瑞克的书也证明了，经历了几十年的扫描、文件分享、剪切和复制以后，漫画里的版权和作者资格是如何松弛下来的。漫画历史学家和《最佳美国漫画》系列编辑比尔·卡特罗普洛斯告诉我，盗版、复制、私造、剽窃从现代漫画史的一开始就有了。"瑞士卡通画家鲁道夫·托普弗创作的19世纪最早的连环画小说在法国、英国和其他国家都有盗版出现，"卡特罗普洛斯说道，"在那个时候，如果法国人想要制作一本托普弗的瑞典复刻版，就会真的有人把他所有的图片重画，重刻在木刻板上。之后，在19世纪三四十年代，一本名为《提华纳圣经》、又称《成人漫画》的私制小漫画在暗地里发行，其特色就是把报纸连载上的著名卡通人物（如大力水手和孤女安妮）大胆改编为情色作品。"

到20世纪六七十年代，随着反主流文化的盛行，每个人都从涂掉发言框的内容、写上政治性文字的情境画家，变成了抄袭和改换原作意图的"劫机犯"，他们就是一群旧金山湾区的嬉皮士。"劫机犯"会把历史漫画家的排版改变成自己的风格（包括《疯狂猫》的画家乔治·赫里曼和世纪之交的漫画家弗雷德里克·伯尔·奥珀）。在《劫机犯连环画》中，他们选中了娱乐帝国迪士尼，用《提华纳圣经》的风格重画了米奇和米妮，加入了走私毒品和纵酒放荡的内容。他们想表现得硬气一点儿，故意让迪士尼知晓了自己的行为，后者毫无意外地控告了他们。之后迪士尼与"劫机犯"丹·奥尼尔达成和解，要求他保证再也不画米老鼠。

30 岁的布莱斯·拉米也许是最能阐释"硬气"的例子。他经常用网络平台给漫画公司捣乱。他会模仿情境画家的做法，擅长移花接木，通过把自己的文字加进对话框来改编其他人的漫画，最后被当作真正的原作而转发。他有一次假装成《美国最佳漫画》的责编，把他的作品上传到他在 Tumblr 上伪造的克里斯·威尔的账户，还加了一句话，承诺道："如果你转发这张图片，你的功劳也会被算进这本书里。"至于他为何要这么做，他的回答是，"因为我能啊"。

他最令人费解的作品应该就是漫画《劳动节》，这是某一年劳动节时，他在电脑上进行日常工作的一系列截屏图片。他把这些图像一张张连接起来，放进博客，并将其称为连载漫画。从一帧帧的画面中，我们能看到他从网盘上下载范吉利斯的专辑，然后把图片上传到 Flickr，他把每个步骤都截屏，最终把整个下载和上传的过程展示给了所有浏览博客的人。这个标题暗示了一种政治立场：现在的劳动都是这样的吗？

希腊艺术家依兰·曼努阿克在作品中更加直接地表达了自己的政治立场。他最著名的作品《猫》，是对艺术家施皮格尔曼的《鼠》进行的重新阐释，只不过所有的角色，包括纳粹分子、犹太人、波兰人，都画上了猫的头（在原作中，犹太人都画成了老鼠的样子，而非犹太族的德国人和波兰人则分别画成了猫和猪）。除此之外，任何一个字、一幅画面都没有增加或减少。这本书惹怒了施皮格尔曼的法国出版商弗拉马里翁出版社，总计 1000 本的《猫》都被销毁了。他对在 1963 年最初出版的漫画《黑精灵》（Les Schtroumpfs noirs）中也做了类似的重新阐释。在原版故事中，一个蓝精灵村庄的所有村民都被一只黑苍蝇咬到从而被感染了，使得他们原本蓝色的身体变成了黑色，也变得狂暴起来。最终他们找到了解药，所有精灵都恢复成蓝色。这本书后来制作成了动画片，但为了避免被认为歧视黑人，片中的蓝精灵没有变成黑色而是变成了紫色。曼努阿克临摹了原版，但是把书中的四种颜色都转移到了蓝紫版上，导致最后画出的整本书都是蓝色的。

在他最新的作品《丁丁与刚果 Akei 族》中，曼努阿克选用了《丁丁历险记》中最受欢迎的在非洲法语区的冒险故事：《丁丁在刚果》（1931），并且首次译成了刚果的官方语言——林加拉语，但这一行为并未得到出版商的允许。这本盗版书绝不会卖到刚果民主共和国，目前为止只有 100 本被带到了金沙萨市，但是对于曼努阿克来说，“最重要的是想法、批评和挑衅”。曼努阿克自认为是一名挑衅者，就好比漫画界的汉斯·哈克。接受过传统漫画训练的他，对于他眼中的漫画世界的界限而躁动不安。“在漫画里，没有太多批评的话语，也没有多少对于传统的质疑，”他说道，“相反，漫画里有太多的怀旧情绪，这会让漫画一直在政治和美学方面处于保守状态。”

“合理使用仍然变化不定的状态，当然，关于这个概念有很多的问题，这些漫画家在用各自有趣的方式搅这趟浑水，"卡特罗普洛斯说道，"历史上，漫画被认为是商业流行文化的一部分，20世纪的大部分时间都是为现代主义的发展而存在的。对于我来说最激动人心的是，现在全方位发展的漫画家越来越多了，他们正在把先锋派的遗产带进这种形式里。"最近，紧随着对于《查理周刊》的攻击和随之而来的讨论，对于漫画的政治力量也有了全新的看法。这些漫画家的策略包括斯科瑞克的重制、曼努阿克的语境重构和拉米的挑衅，这些策略把一套当代的概念工具用在了漫画创作上，现在证实了这些工具在互联网时代的激流中能起到领航作用。

互联网的确改变了我们阅读和书写的方式。没多少人想在电脑上阅读《战争与和平》，电脑不适合深入长期阅读。长期阅读更适合在线下，不论是在纸上还是在电子设备上。当对着一台连着网并且网速很快的电脑，我们最不想做的就是停止上网、放慢速度或专注地做一件事情。在信息高速公路上闲逛是与媒体的作用相对立的，相反，我们在机器前度过的时间是非常活跃的：我们点击鼠标，不停搜寻，收获结果互相交流。而在网上，我们阅读和书写的方式恰恰反映了这一活跃的情形。任何一篇提到应对策略的文章都告诉我们，要让邮件保持简短，冗长的邮件很可能没人会看完。这些文章会提出很多建议，比如："要让每条信息控制在五句话以内，甚至更少。""把所有邮件的回复当作短信，每封回信都要用一套字母去标记。"我们正在见证着读写方式逐渐变得简短——更短的邮件、Twitter、短信，它们是一长串压缩语言的最新表现形式，这些压缩语言包括：象形文字、表意文字、俳句、莫尔斯电码、电报、新闻标题、旧时代广场的新闻跑马灯、广告标语、象形诗和桌面图标。

在电子平台上写东西，就是把我们日常交流的方方面面转变成基于约束的写作，这是一种预定规则下的写作方式，最初是在20世纪六七十年代由一群自称为"乌利波"（Ouvroir de littérature potentielle，即"潜在文学工厂"）的法国作家对预定规则进行了探索。他们为写作设计了公式，这种方式更像是数学而非文学。有一则著名的乌利波公式称为"n+7"，也就是把一篇文章中的每一个名词都替换成词典中这个词之后的第七个词，如果将《独立宣言》带入"n+7"公式，就变成了诗人罗斯玛丽·沃尔罗德普在她的诗篇《独立宣言的美国短记忆》中写的这样："我们抱怨这些想要自我放逐的幽会，所有海牛都是等距离地值得赞扬的，它们用颈部无法回答的外框被债主忍耐着。"这首诗的作者严格遵守公式，尽管最终写出的结果或许对任何人来说都没有文学上的吸引力，但她依然接受了。也许乌利波最著名的作品就是乔治斯·佩雷克的《消失》，这是一篇 300 页的小说，其中没有用到一次字母 e（这本书的英文译本也不包含字母 e，同样是很了不起的壮举）。这群作家使用的另外一些方法包括：易位构词、回文构词和斐波那契数列。

通过把更加传统的写作方式转换成机械式的启发法，乌利波预料到了我们在电子时代使用语言的一些方式。每次我们发 Twitter 的时候，都会有 140 字的限制，我们就能将之称为编写乌利波风格的诗。当 Twitter 给我们这个限制时，我们都同意遵守这个限制，把语言压缩成适应要求的字数。没有谁会反驳说："我拒绝把字数控制在 140 字，我只会控制在 190 字以内。"相反，通过让自己适应这种平台，我们会发现在严格约束条件下，这是一种非常适合表达自己的方式。而 Twitter 的参量并不是随意制定的：这种 140 字的限制起源于短信文化，短信标准字符的限制数量是 160 个，减掉的 20 个字符是留给用户名的。

人们经常会抱怨，我们在网上丧失了书写的技艺。但是在 Twitter 上，我经常能在推文的编写中看到技艺的体现。单是字数限制本身就凸显了书写的技艺：在这么有限的空间里我该怎么说出我想说的呢？接下来就是写作技巧大显身手了：看着可写字符数量在减少，然后进行精确的编辑和修改，使之能塞进定量的空间里。我们用符号"&"代替"和"，删掉逗号、多余的空格和不必要的词语，使用标签，并且用 URL 缩短功能把语言精练到最凝练的程度。我们的很多推文通过这种高度编辑过程，最终变成了完美的推文：在没有空下多余字符的同时，写出强有力的内容。有时候在此过程的最后，当我们按下"发送"时，感觉就像是上传了一篇小小的文学珍宝。

Twitter 没有使用说明书，我们通过玩的方式学习如何使用它。我们按照游戏规则修改自己的写作方式：要变得精练、机灵、有争议，这样你发布的内容才会有人阅读并且转发；如果你很俗套、无聊，且只转发别人的内容，那在这场游戏中你很有可能会落于下风。正如小说家希拉·海蒂所言："只需要几秒钟你就能知道自己的 Twitter 成不成功。" Twitter 能让人联想起维特根斯坦"语言游戏"的概念，他提出这个概念是为了梳理我们在使用语言时不成文的规定。维特根斯坦认为，语言是一种棋盘游戏，需要至少两个玩家：发送者和接受者。他认为，说出一句话就像在棋盘上移动一颗棋子，而另一个玩家的回答就是下一次的移动。接着就产生了对话，对话详尽地展示了人类语言的规则和结构（包括不可避免的错误和过失）。就像外星人第一次发现语言一样（威廉·S. 巴勒斯认为语言是"来自外太空的病毒"），维特根斯坦对基础语言学的原则产生了质疑：人们是如何发展、获取、接受语言规则的，对于规则的各种各样的应用，还有很重要的一点是，人们是如何打破语言规则的。维特根斯坦告诉我们，语言游戏十分脆弱：一旦玩得不好就可能会导致悲剧性的误解。

　　社交媒体摆好了棋盘，给你结构、棋子和玩游戏的舞台，但是除了那些基础的规则以外（比如禁止假冒、暴力、威胁、侵害著作权）没有给出任何说明。就像语言本身，它的规范要通过群体参与才能发展起来，反复试验出有用的内容（也就是人们会对其有所回应的内容）和无用的内容。游戏的规则随着平台的不同会不断发生变化，而这些平台也会持续地进行转变以适应这些不断发展的规则、用户的反馈和投资者的顾虑。本身内置于界面的语言是由平台的性质所决定的，Twitter 或 Instagram 上的"粉丝"跟 Facebook 里的"好友"有很大区别。粉丝意味着有"偶像"，是可以纵向计量的影响力动力，而友谊的概念则更加模糊和横向。在 Twitter 和 Instagram 上，总有人比你拥有更多的粉丝，也使得他们比你更有影响力，而与之相对，Facebook 的好友数量限制在500 人以内，这是大部分人都能达到的成就，因此本质上算得上是民主派。Facebook 打破每个账号最多拥有 5000 名好友的数量限制似乎是必然的趋势。我们经常采用 Twitter 上的粉丝数量作为影响力的衡量标准，但我们不会用 Facebook 上的好友数量来衡量。粉丝的同义词是"马屁精"，粉丝的数量可以无限扩大，强调潜在、剧烈的影响力动力学在起作用。

　　同样的影响力动力学在数字文化中最受欢迎的论坛上也有所体现。用科技博客 Boing Boing 举个例子，它是在网上最常见的博客之一，但是其原创的内容却很少，它更像是一个过滤器，从乱糟糟的信息里挑选出最好的内容。Boing Boing 建立某样事物的链接这一行为就远比链接的内容重要得多。在网络上引用和 @ 他人名字的文化现象导致了"转"这一动作的大量发生：转发、转载、转写、转帖。好的引用能决定你的博客或 Twitter 内容的价值，抬出名人以自抬身价曾一度被鄙视，而今则变成了广泛传播、极具影响力的行为了。

社交媒体注重的是引用而非参与。比如，在 UbuWeb 的 Twitter 简讯上（这个网站能链接到我过去 20 年一直经营的先锋派艺术品的网址），我们会发布一些非常模糊、冗长或者难懂的内容。只须片刻，这些内容就已经被转发好几百次了，谁都没有时间真正参与进去、了解我们发布的内容，他们更喜欢自己听说过或已经知道的内容（@ 他人名字），并且很渴望传递给他们的粉丝。Twitter 上的 Twitter 活动仪表板证实了这件事。一条被浏览过 31861 次的推文被转发了 151 次、被赞 245 次，但只有 66 次真正参与了我链接的内容。而通过那一条推文，Twitter 简讯只多了一个新粉丝。我有一次误发的无效链接更加证明了这一点。无关紧要的、无效的链接等诸如此类的内容，还是会被无限次转发。

口头表达一直都是一种形式，从未改变，这种表达形式能让不同类型的信息传递下去，而在数字世界中，强大的文化资本作为广泛转发和转载的内容的起源，正在不断累积起来。社交媒体日益发展的同时，也在用更加隐蔽的方式记录微小的活动（我现在能理解转发我转发过的推文的人了），通过累计赞的数量，会让我们一直玩下去，一直紧盯着屏幕。

Twitter 语言学的根基深藏在现代主义之中。詹姆斯·乔伊斯的《芬尼根守灵夜》也许是有史以来最难懂的书，这本书通过不同寻常的方式为"标签"搭建出了舞台。乔伊斯的这本书出版于1939 年，是作为语言学梦境写出来的（曾被一位评论家标注成"梦幻之语"），这本书力图让梦想的语言安眠在书页上。为了写出《芬尼根守灵夜》，乔伊斯在笔记本上写满了随机的想法和一些他在街上、收音机里或报纸上听到的语言片断，最终因为这些内容写得太过密密麻麻，即使是乔伊斯本人用他出了名的糟糕视力都无法破译。于是，他开始把能够从这片乱糟糟的内容中识别出来的语言用打字机转录在书页上，然后他进一步破坏语言，方式是拆开一些单词，然后和其他单词重新组合，从而形成复杂的合成词，这跟德语影响英语的方式别无二致。最后能得到很多新合成词，比如"超级诱饵非法""快乐变成大风""声音听到""味道闻到"，以及"绝不注意他们马懒鬼沙子清单勒托我的"[1]。只要你耐心点，近距离地阅读，仔细地辨别每一个单词，其实这些词都是能读出来的。因为标签和 URL 不允许有空格，所以合成词变得必要了起

---

1 原文是一串单词合成的词：neverheedthemhorseluggarsandlistletomine。——译者注

来。以下是一些乔伊斯风格的超长域名：

http://www.thelongestdomainnameintheworldandthensom
eandthensomemoreandmore.com/

http://www.abcdefghijklmnopqrstuvwxyzabcdefghijklmnop
qrstuvwxyzabcdefghijk.com/

http://llanfairpwllgwyngyllgogerychwyrndrobwllllantysiliog
ogogoch.co.uk/（一个威尔士村庄的名字）

http://3.141592653589793238462643383279502884197169
39937510582097494944592.com/（圆周率的前65位）

在整本《芬尼根守灵夜》中，乔伊斯在文章中加入了10个长
达100个字母的单词，他把这些单词称为"雷声"，因为这些单词
中包含了语源上、视觉上以及听觉上与"雷"这一主题相关的各
种语言。他用这些单词把这本书分成了几个章节，代表着不同时
期的文化历史，从亚当和夏娃的堕落开始：

Bababadalgharaghtakamminarronnkonnbronntonnerronn
tuonnthunntrovarrhounawnskawntoohoohoordenenthurnuk

……到挪威的雷神索尔……

Ullhodturdenweirmudgaardgringnirurdrmolnirfenrirlukkilok

kibaugimandodrrerinsurtkrinmgernrackinarockar

这个单词共有 101 个字母，因此能够放进有 140 字限制的推文里，还能有 39 个字的富余。

Twitter 第一个标签于 2007 年由谷歌前设计师克里斯·梅西纳发布，这个标签是 #barcamp（一种国际研讨会网络），指的是名为 BarCamp 的科技研讨会。但请大家注意，梅西纳去掉了大写字母，使得这个词更复杂、更难读；通过剔除大写字母，他正好落在了乔伊斯的地盘上。今天，Twitter 和 Instagram 充斥着各种类似于《芬尼根守灵夜》里会出现的单词：# 今日照片、# 求互粉、# 仅限苹果手机、# 迪伦·奥布莱恩粉丝页，或者 # 电影《移动迷宫》（这些英文单词间无空格）。

就像技术的进展速度一样，语言学压缩处于现代主义的中心。1906 年，无政府主义艺术评论家菲利克斯·费内昂在巴黎的《晨报》上匿名出版三行中篇小说，用来填补报纸上的留白。相较于其他更大篇幅的新闻报道，这些小说内容凝练，对当日新闻的简短引述也更易于理解，它们本来只是次要内容或供人消遣的东西：

加尔省卡萨尔格的咖啡厅店主希尔旺先生夜晚接电话时打开窗

户，一发来复枪的子弹射烂了他的脸。

在马拉科夫，四名辅警抓住一名小偷迪瓦图，把他绑在木桩上用木棍殴打。

当列车慢慢减速时，南泰尔的芭露西小姐打开门探出身去，一辆经过的特快列车撞坏了她的头骨和门。

费内昂写的社会杂闻不仅是填充留白这么简单，这些杂闻将形式与作用巧妙地嵌合在一起，表面上是压缩版的佐拉风格的粗制滥造品，挤在那些更"重要"的故事之间，实际上是想静静地在报纸上爆发。这些低调的杂闻实际上具有颠覆性，而且就像反复修改的推文一样，也是精心制作的。难怪一个世纪后它们会被误当成诗歌。大家也能容易地预想到，费内昂的"中篇小说"在今天也有了自己的推特简讯。

一群意大利未来主义画家也许是被费内昂这样的行为所启发，他们在 1915 年声称："用一页纸就能写完的内容非要用一百页来写的行为是很愚蠢的。"这是欧内斯特·海明威在写出史上最短的小说时会注意到的建议，这篇小说总共有 6 个单词——仅仅占了 33 个字符（包括空格和标点），写于 20 世纪 20 年代：

售：婴儿鞋，全新。

据说有一群醉酒的作家在纽约的餐馆里打赌，看谁能用 6 个字写出一篇关于云雀的小说，海明威迅速把他的文章写在了一张鸡尾酒餐巾纸上，赢得了赌局。尽管这个故事展现出了海明威特有的智慧和才华，但研究表明这是捏造的故事。在海明威使用这种风格之前，这些类型的文字已经在报纸和广告中以各种形式出现过了。在 1906 年，一篇广告中写道："出售，婴儿车，全新，在本办公室认购。"在 1921 年，也许是受到了前一篇广告的启发，另一篇广告写道："出售手制儿童束臂和婴儿床，全新。"就像电话游戏一样，关于这个主题的各种变形贯穿了 20 世纪的前期。有一名新闻记者埃姆，潜心挖掘自己在这个方面的大量知识，立即重构了先前的广告，并声称是原创（而且精彩）的小说故事。海明威的行为提醒着我们，所有语言都是早已存在的，通过巧妙地重构语境能让用过的词语迸发出新的活力。在网上这样一个语言能够被剪切粘贴的环境里，声明原创性是非常难以做到的。如果你仔细想一想就会发现，语言本身就已经存在于网络中，所以说人们经常会同时产生一模一样的想法，这种现象被称为多重发现。数学家方卡斯·波尔约说过："待时机成熟，这些东西就会像春光里的紫罗兰一样出现在不同地方。"

　　2014 年，视觉艺术家科里·阿肯吉尔出版了一本关于拖延症的书，名叫《正在写我的小说》，这本书取自他的推特简讯，他的推特简讯只转发别人发的内容里包含"正在写我的小说"的推

文。他从中精选出了最好的变成了一本平装书。每页包含一段
推文:

最近正在写我的小说

听真的很动听的音乐。

没错我是个作家,你能把我怎么着。

塞拉·布朗 / 凌晨 1: 25/12 月 1 日写了 12 页

我又在写我的小说了,

这感觉特别好,朋友们。

我爱

我的思想。

史蒂芬·曼戈尔 / 半夜 11: 44/9 月 23 日写了 128 页

正如阿肯吉尔解释的那样:"有趣的是,当你在发布正在写小
说的状态时,你其实并没有在写小说!我喜欢这种情境。"那么,
他们不在写作又在干吗呢? 在网上浪费时间——这也正是阿肯吉
尔在写这本书时的状态,尽管艺术家们通常都会把浪费时间当作
创作过程的一部分,但是也因此能把拖延症和作品以自己为反射,
巧妙地结合在一起。

2010 年,普利策小说奖获奖作家珍妮弗·伊根出版了一篇

8500 字的小说，由推文组成，以每天一小时、每分钟一篇推文的速度，连续 9 天发布在《纽约客》的官方网站上。尽管内容是提前写好的，但是伊根的本意是批判分散发布——发推文不该是自然的吗？当然她写的这些内容也是分散发布的，幸好内容还算不错：每一条推文单独拿出来都是很完整的，而一篇篇相连起来，就成了流畅的叙事。她的 Twitter 小说的开头是这样的：

> 人们往往与你期待的样子不同，即使你已经看过了照片。
>
> 一个人出现的前 30 秒是最重要的。
>
> 如果你难以同时感受和规划，那就集中精力做规划吧。
>
> 成功的规划所必需的要素：笑容、光腿、害羞。
>
> 这个目标既难以抗拒又无影无形。

她发布了 607 条推文后的结尾是：

> 直到看到他们蹲伏在你之上，带着紧张和希望，准备跳跃起来的时候，你才能确定。

伊根的 Twitter 小说对阿肯吉尔的书进行了有趣的反驳。她已经花了一年多来写小说了，但是很快在社交媒体上发布出来，并且非常"自然地"迸发出水晶般的美。

🐱🐱🐱

自 2010 年起，史蒂夫·罗根巴克一直都在出产只能在网上进行制作、分享和浏览的诗篇，这些诗篇有各种形式，比如 Facebook 中上传的内容、YouTube 的视频以及广角照片。他因为一系列的视频走红，在这些视频中，罗根巴克在空旷的公寓或户外的森林里狂躁地即兴创作赞美宇宙和我们所处环境的诗篇。在视频中，他朝着灰蒙蒙的天空大喊："在你死之前，制造点美丽的事物吧……也许你应该站在雨中！你现在活着！"但是这首诗既没有环境保护狂也没有《铁人约翰》的风格。他的作品临界于暴力，会立刻变得恐怖、催眠并且非常感人。罗根巴克用颤抖的手拿着摄像机，播放着模糊的励志背景音乐，进行了粗糙的跳跃剪辑。这些视频特意模仿了 YouTube 上到处都有的业余视频的样子，其实都是经过精心设计的诗歌专题广告片。在另外一段视频中，罗根巴格露出他长着粉刺的脸、浓密的眉毛和肮脏的头发，紧紧地盯着摄像机问道："我对市场营销很有兴趣，但是我主要是想营销月球。你喜欢月光吗，先生？如果不喜欢的话，我该怎么说服你呢？"

和林涛一样，罗根巴克是 Alt Lit 上的一颗新星，Alt Lit 是出现于 2001 年的一个在线写作社区，将社交媒体随意的影响和参差不齐的风格作为作品的基础，这些作品包括诗歌、故事、小说、推文和状态更新。其中的成员已经生产出了一种与众不同的文学主体，直接的语言、疼痛欲望的表达和睁大眼睛的真诚就是其标志。（"语言真是太酷了，我能用其打出各种形状而且你也能理解我"或者"哇！海豚是美丽的动物，永远都有不羁的精神。我太幸运了，因为我有两次跟海豚一起游泳的超棒体验"。）发表在博客和推特简讯上的诗歌和故事都是用网络用语写成的，比如随意使用小写字母、乱用标点、打字错误特别多以及语法糟糕。当其他网络诗歌在挪用内容上越走越远（比如剪切粘贴或者搜集大量已经存在的数据）时，Alt Lit 正在尝试使用重情感的朴素语言，这其中承载着对状态更新的迫切和直率。任何一种情感，不论多么老套，都能成为写诗的目的。

这种类型的写作有很深的根源，可以回溯到威廉·布雷克的宇宙论，延伸到意象派的直接观察诗、达达主义反艺术的谬论，以及超现实主义的古怪嬉闹。在 20 世纪的后半叶，一个主要的"试金石"就是节律，尤其是艾伦·金斯堡自然的思维诗、杰克·凯鲁亚克不经过滤的喷涌、盖瑞·施耐德的环境意识。具体派诗人阿兰姆·萨罗耶故意拼错的字母诗"lighght"是网络上很多文字游戏（当重新构思"can,t"和"youuuuu"这些词时会觉得特别优美精妙）的典型例子。但是这其中很多作品都蕴含着受到朋克启发的能量。

Alt Lit 和它的兄弟 Weird Twitter（一群滥用 Twitter 的 140 字规定的作家）以及 Flarf（早期互联网诗歌运动），它们精选出来的诗篇就像互联网本身，挤满了 Twitter 更新的截图、广角照片和修过的抽象拼贴图，这些图片充斥在画线的诗句、短故事和博客条目之间。

Twitter 用户群中有一位杰出的诗人名叫雅各布·巴吉拉，他在 2011 年—2013 年用 @Horse_ebooks 的网名写诗，那时他只是 BuzzFeed 的一个员工。他写的内容被很多人认为是垃圾邮件程序写出来的，有很多人追看他写的东西，人们对此着迷的原因是好奇什么样的程序能写出这样的句子："他们的消极只会进一步把我推向制皂领域。""我了个去！小狗玩具变贵了，为什么不呢？"2013年，巴吉拉宣布这些内容其实是他写的，而且已经写完了。当大家认为 @Horse_ebooks 是机器的时候，拼写错误、不合逻辑的推论和支离破碎的句子都显得很有魅力，这是一个劣等的文学"头脑"想要拼命显示出人性化时产生的意外结果。

在罗根巴克的视频《终于有了网络诗圣！》（*ARS POETICA*，拉丁语："诗的艺术"）中，他谈到了过去欠下的债。"五年半以前，我读了沃尔特·惠特曼的诗，他的诗改变了我的一生，"他说道，"他让我以前所未有的积极态度去欣赏自己的生活。沃尔特能让你后退一步并说出：这个世界非常美好，所有事情都非常美好，要留心发生的事情。"技术才是关键。"我的目标是成为诗圣，"他说道，"这是诗人的梦想，在有互联网的时代成为一个诗人，我们有着绝佳的机会！"视频以罗根巴克对过去和现在的连接进行了总结："要知道，沃尔特·惠特曼会愿意为网络去死，沃尔特·惠特曼会在推文 Deck 上撸起袖子、埋头苦干的！"

未来比我们想象的更美好

AT&T（美国电话电报公司）最近发布了一系列它们与 DirecTV 合并的广告宣传，广告中有这样的标语："变革将不仅会电视化，还会流动化。"一个广告在许多的屏幕上展示了纽约市不同地点的夜景——比如时代广场和体育酒吧。而同时住在这些地方的人们眼睛却黏在了移动设备上。现在的世界是一个超链接、超分心的世界，每个人都在疯狂地进行多任务处理，一只眼睛放在移动设备上，另一只眼睛放在巨大的屏幕上。突然，屏幕毫无预警地故障并且黑屏了。在无声的黑暗中，摄像机扫过一张张迷惑且惊恐的脸从移动设备前抬起，想寻求故障的答案。又过了一瞬间，屏幕闪了一下、跳了回来，摄像机扫过同样的脸，很明显大家都松了一口气。他们微笑着的脸庞此刻紧贴到了重新启动的屏幕上，上面放着《黑客帝国》这类电影的片段，影片中墨菲斯说道："从此之后，没有回头路。"一个用户拿起智能手机搜寻斯波克先生的名言："历史充满了转折点。"一个女人滑动着巨大的触摸屏，上面播放着罗德里格兹喜悦地挥着拳的影像，同时话外音大声叫道："幻想终于变成了现实！"这则广告以《卡萨布兰卡》电影最后一幕作为结尾，在华尔街的高楼大厦上播放着台词"路易，我认为这是一段美好友谊的开始"，大肆宣传电视和社交媒体的趋同性。未来已经到来，而且比我们预料中还要好。在那次故障中，就好像整个世界都进行重启，进入了未来。

这则广告混杂着希望、恐惧和救赎，让人们想起了"千年虫"问题的恐慌。在 2000 年的元旦前夕，当午夜一过末日却没有到来的时候，我那位伯克利大学的历史学家嫂子向我们解释，当文明完全进入新环境之前，总会产生疑虑，她把"千年虫"和过去的"千年恐慌"进行了对比，认为我们这次的千年恐慌不再是由于上帝，而是科技。她补充说，内疚、后悔和慈悲都会伴随有这样的试验，而且最终都只不过是因恐惧而生的幻想罢了。对"千年虫"的反省是我们全面接受科技的最后一道障碍，在那个跨年夜终于被全体人类彻底打破了。随着新千年曙光的到来，我们已经准备好进入 AT&T 的卡通人物所说的："未来，辉煌的未来！"

理论家保罗·维利里奥提出了一个"必需事故"的概念，其含义是：每当新技术被发明出来的同时，事故也会随之产生。所以一发明船只，就会有沉船；发明火车，就会有火车撞毁；发明飞机，就会有飞机失事。这些早期技术事故会影响特定区域的地理形态：飞机坠落在丛林会影响其与世隔绝的程度。但是当说到电磁波，比如核泄漏事故的辐射，其后果不再是地区性的，而是联网式地产生影响。当福岛的核反应堆熔化以后，辐射通过太平洋的食物链危害到了美国西海岸的鱼类。同样，中国市场如果崩溃会冲击到西方国家的经济。电子网络的病毒会制造出灾难性的后果，影响到许多人，而不再是一个人。必需或者整个事故，从局部上升到了整体。

很少有人知道，仅仅一年半以后，一项更老的技术——飞机——会以"千年虫"做不到的方式引发一场"必需事故"。在纽约"9·11"事件时，超载的手机网络陷入瘫痪，一些负担过重的网站如 CNN 官网和《纽约时报》官网拒绝加载。地铁、公交和通勤列车，由于大部分是用电脑控制，也都停止了运营。纽约城变成了与世隔绝的孤岛，陷入了蒙昧时代的黑暗当中。大部分曼哈顿的广播电视都无法使用，因为双子塔上的巨大电视天线已经不复存在了。就像是 AT&T 广告中沉迷于屏幕的人一样，我们被剥夺了电子设备，坐在黑暗中，挤在晶体管收音机旁想要听到最新的消息，这情形与纽约 1965 年的大停电如出一辙。在接下来的一到两周，所有科技设备几乎报废；即使是以数据为导向的股市也陷入黑暗。曼哈顿下城区，暂停了车辆交通，就像在 19 世纪的乡村和"二战"后柏林的交界一样。我们疲倦地缓步在林荫大道上，就像走在乡间小路上，但是背景里却有下西区喷涌出的刺鼻浓烟。

没有科技造成的干扰，我们能重新发现彼此，不再看着屏幕，而是望向彼此的脸，放慢脚步，坐在宁静的公园，浸润在初夏明媚的日光中，面对面聊天。城市里有一种怪异的宁静，只有经常响起的警笛声时不时会打破这种宁静。这样就能逃离眼前事件的压力，被迫重温遗失的时光，但不会持续太久。当网络重新恢复生机、交通工具再次开始运营，我们就会从停下的地方继续前进，把黑莓手机牢牢攥在手里，沉浸在各自的聊天软件中，漫步在街道上。在未来几年里，类似大停电和飓风这样的危机会让我们短暂地陷入黑暗。这些强制执行的戒网行动不会再令我们耳目一新，而是感到痛苦。在"桑迪"飓风肆虐期间，由发电机供电的快速充电站涌现在街头，就像一群纽约客在寒冷天气中麇集在一起，等着给电子设备充电等到地老天荒，然后再回到他们原始黑暗的洞穴里面去。

当然 AT&T 的广告是在反对吉尔·斯科特·赫伦 1970 年的歌曲《变革绝不会电视化》，这首歌宣告的是，媒体绝对不可能影响到 20 世纪 60 年代开始的美国社会政治革命在未来的发展。45 年前，斯科特·赫伦已经看到人们所有的感官是如何被媒体影响、塑造和渗透的了。他认为，媒体正在夺走我们作为人类的体验能力。我们被变成了丧尸，向用户至上主义卑躬屈膝，被剥夺掉了政治输入的能力。他恳求人们放弃被灌输的信念，希望我们能拒绝媒体的镜头，只有走到街上去，那里才不会被摄像机影响，才能发生变革，才能有"真实的时间"，而不是"即时回放"。毕竟，如果要说 20 世纪 60 年代的城市暴动预示了什么，那就是高度科技化的文明可能会被打回黑暗与混乱的状态，而且只用最简单的办法就能办到：一根划着的火柴或者是一个扔出去的燃烧弹。AT&T 对斯科特·赫伦宣言的尖酸篡改获得了完全的胜利；集团赞助的技术现在已经无法避免，没有回头路了，绝没有。未来已经到来，看起来就像"老大哥"一样可怕。

但是事实还要更加复杂。AT&T 的广告向我们展示了"变革"那片面的、过于简单的、被曲解的模样。我参加了一个"黑人的命很重要"的专家座谈小组，近来也称为"这次的关键"运动，一位观众问道："这次运动为什么会发生，它是如何产生的？"一位专家做出了简明的回答，他把手伸进兜里，拿出了智能手机。当今出现了 AT&T 和斯科特·赫伦都没能预料到的反转：实际上变革不仅发生了电视化（上传到社交媒体并能无限重放），而且发生了基于公平的移动化（人被移动媒体移动了）。曾经令斯科特·赫伦无比恐惧的集团科技装置，现在已经分销到市民手中去了，从而能够记录不久前还无人注意到的犯罪，能把光明带进世界上最黑暗、最不公平的角落。这次的关键是"数字的火炬"，它能够消除黑暗、照亮不公正的体系。

我读过的很多文章向往着回归独居和自省的生活，待在安静的地方，远离电子设备的噪声。但是远离街头小民这些地方开始让我想起了封闭式小区：在这样巡逻非常频繁的小区里，谈话都是受限制和受审查的。他们忽略的问题是，对于大多数的小区，摄像头的存在是为了记录和传播不想被人看到的侵犯权利的行为，它们正是社会正义的工具。我读到移动设备正在让我们远离生活，但是如果移动设备能够记录下不公正事件，那么它就是证明事实存在的指示器。

在另一则 AT&T 的广告中，在一幕幕画面里，人们一边看着移动设备一边做着别的事情，这时"在场"与"缺席"之间的界限被消除了。一个人在枯燥的音乐厅里瞄了一眼他的智能手机，此时有画外音谴责道："当你不想去战斗、比赛和跳芭蕾的时候，点击你的屏幕吧！"或者有人在跑步机上挥汗如雨时，他手中的手机显示着："瘦了才能大吃大喝！"当冲浪者在海浪中时："你在网上冲浪时可选的活动可多了！"或者当登山者挂在半空中时："当你挂在峭壁上时，就好好享受这种悬挂的感觉吧！"

像很多广告一样，AT&T 想让我们认为使用移动设备应该只用一种方式：当我们在做不情愿的事情时，就去沉迷在无用的媒体上吧。但是，实际情况更加复杂。我们对媒体的使用模仿了我们的生物规律，就像我们在循环经历醒和睡的阶段一样。我们既不是真正的丧尸，也没有完全地活着：我们常常是两者的混合体。拍到警察射杀沃尔特·斯科特的智能手机，可能上一秒还在玩着《糖果粉碎传奇》，下一秒就用来在网上浪费时间了。

在网上"浪费"时间的
101 种方法

下面是关于如何在互联网上打发时间的一些点子，最初是由
2015 年 1 月到 4 月我在宾夕法尼亚大学的学生提供的。

001 让一个人用一台连上了大屏幕的电脑浏览互联网。站在他身后的
一大帮人大声提示他，告诉他用鼠标点击这里或那里。刚开始人
们一个一个地发出命令：点击那个链接！打开这个状态更新窗口！
然后旁边的许多人都开始加入，各种叫声混成刺耳的噪声，充斥
着让人难以忍受的紧张感。

002 把一张你认为会被图片网站删除的照片发到该网站上。截屏，留
下你发这张照片的记录。再把这张截屏发出来，再次截屏。如果
这张照片又被删除了，就重复以上步骤，一直发原图的截屏的截
屏的截屏……

003 把你的笔记本电脑递给你右边的人，限时一分钟，让他们在你的电脑上随意打开应用软件。打开的软件不要关闭，保持打开状态，你也不要修改或删除任何内容，只要让你的电脑维持不变。一分钟结束后，你把这台笔记本电脑拿给你左边的人，给他一分钟时间使用你的电脑。一分钟结束后把电脑还给你，这样一起玩的每个人都将轮着使用你的笔记本电脑。他们在你电脑上打开的软件仍然会显示在你的电脑屏幕上，你都可以看到。

004 在社交网站上删除一切你能删除的内容，除了删除好友和删除你的账户，计算一下，看看你的朋友之中谁删除的内容最多。

005 许多人一起用 Skype 联系不在场的其他任何人，然后不要回答任何"你为什么这样做"之类的问题。

006 在一个伙伴的社交网站账号中，找到他最早发布的消息，以及收到或回复这条消息的人。登录你自己的账号，将这条消息发送给这个人，然后和他聊一聊。

007 登录视频网站，查看你首推视频中的第一个推选视频。如果你已经看过这个视频，那么就选择下一个推选视频，然后查看有关这个节目/电影的维基百科，并且根据你如此了解的知识写一条社交网站状态（发表你的意见或提出一个问题或者说明）。这条状态还不能提到你还没看过这个节目或电影。在这条状态中要至少 @ 一个人。

008 在几个小时内使用你的计算机网络摄像头记录你的脸部表情，一定要选择一个很长的时间段，长到让你忘记摄像头还开着。

009 删除你在社交网站上的个人简介头像，并尽可能长时间地让它保持空白。

010 在任何时候都可以利用你的智能手机听课、开会、表演、叫外卖或者看电影。

011 大家围坐一圈，打开笔记本电脑，然后在你右边伙伴的电脑上插上你的耳机、播放音乐来达成以下目的：营造一个尽可能嘈杂的倾听环境，播放对方很讨厌的音乐，并且同时播放几首这样的音乐。

012 用你能找到的最早的互联网浏览器浏览网站，你想浏览多长时间就浏览多长时间，但是你不要关闭浏览器中弹出的任何窗口或标签。

013 大家带上笔记本电脑坐成一圈，在你左边这个人的笔记本电脑上插上你的耳机，为他播放音乐，让你的伙伴进入音乐氛围中，确定你为伙伴播放的下一首歌曲。尝试轮着圈播放音乐，达到一种平衡。

014 在公众场合，一个人拿着手机按照另一个人发送的指令行动。指令执行者完全服从命令，指令发布者从旁观察。

015 在网上找一首混搭音乐，像《纽约时报》的评论家一样认真写出一篇关于它的评论。

016 在一个朋友的个人主页上发布一系列评论，假装你在跟某个人交谈，内容越具体越好。

017 找一段你认为能够总结和代表整个互联网的音频。

018 找到某些你认识或不认识的人的社交媒体简介，并且在你自己的个人页面复制他们的简介。

019 为你的伙伴编写一份网上相亲资料，让他们的约会次数越多越好。

020 登录一个购物网站，试着重新搭配自己的服饰，然后在网上找到其他同样穿着的人的照片，将这些照片存入一个文件夹内，然后大家可以进行比较，看看谁能找到最多符合他们当前着装要求的照片。

021 在领英网或其他在线简历网站随机下载一份简历，并用这份简历申请几个工作岗位，需要的话，还可以附上网上的求职信范文；然后，用你自己的简历和求职信申请同样的工作岗位。

022 在一个投影仪上显示具有挑拨性的字幕，并且让字幕快速循环显示。一组人互相发一条冲动的社交媒体状态。

023 你可以尽可能多地对视频网站上以病毒式传播的视频进行截屏，用它们制作出一份 PPT 幻灯片，并迅速播放这些画面。

024 把一台摄像机放在一个人来人往的房间，确保让经过这个房间的每个人都能意识到这里有台摄像机会拍到他们，但实际上这台摄像机并没有在拍摄，然后在一段时间内偷偷打开和关闭这台摄像机。

025 找一个非常开阔的公共空间，带上你们的笔记本电脑坐成一个封闭的圆圈，让你们中的一个人从视频网站上选择一段视频，然后他数三声，每个人都点击这个视频，大家一起观看。

026 在网上找到你最害怕的内容，把它发给你的一位朋友。

027 想一想与你对网络的看法不一样的 10 个朋友，给他们每人发一条信息，问问他们在网上能做什么事，看一下他们会怎么回复你，在第一个人回复你之前你不要做任何事情，等第一个人回复之后，你可以快速做完他回复的事情，然后问问第二个人。在等待他们的回复时，你可以想想你要问他们什么事情，应该怎么措辞，为什么一些人会这么快地回复你，而另一些人却没有。

028 在公共场合观察路人，并且像写犯罪报告一样记录下他们的身体特征，然后在网上查找警察的公报，找到与你的描述疑似匹配的嫌疑人，确定他们是不是通缉犯。

029 在网上摘选一篇你非常不赞同其观点的文章，将它发布到你的社交状态中，并写出自己是如何对它的所有观点表示赞同的。对这条状态点赞，并分享。将它转发到其他人的主页上，然后在微博上再做一遍同样的事情。

030 用直播软件与一个人面谈 6 秒钟，事先不要告诉他们这次面谈只会持续 6 秒钟。

031 大家在自己携带的设备上同时播放不同的歌曲，每个人尝试写出自己能从这些噪声中辨别出的歌名。

032 和一个伙伴轮流观看一段视频，一个人拿一台摄像机记录另一个人看这段视频的情感反应，将原始短视频与你们两个的观看反应视频组合成一段新的视频。

033 找到一个其他人预订的房间或服务，并说服他们说由于在线预订系统错误，这个房间或服务其实是你预订的。

034 一帮人一起轮流阅读每个人的社交网站页面，然后从每个人的页面中选择一行文字写入一个文档中，最后组成一首诗。

035 花几个小时一起写一份文件，但是当有人离开房间或进入这个房间时删除这份文件。

036 在互联网上找几个消遣娱乐的网站，浏览它们，打发一些时间来放松心情。当你做完这些事情时，在视频网站上找到下雨声的音频，慢慢聆听，写一些有关溺水的内容。你可以不断写，直到你没有什么可写的为止，然后删除你写的所有内容，回归到正常生活中。

037 使用谷歌地图的卫星视图，绘制一个新的城市草图，给它取个名字，为它虚构管理律法。

038 使用 QuickTime 这类屏幕录制器记录你的电脑屏幕在 8 分钟内浏览的网站。在这 8 分钟内你要在 Skype 上呼叫一个朋友，确保记录器记录下了整个呼叫过程。

039 利用你认识的某人的网络公开资料，为此人制作一份虚假的讣告。

040 在公共区域，打开笔记本电脑开始上网，让你的伙伴观察你的行为、别人回应你的方式以及你回应别人的方式。

041 问问每个人有关密码的问题，讨论一下你和其他人是如何设置密码的，如果愿意你可以分享你的密码，解释一下你喜欢和不喜欢它的地方。

042 用支付软件给你右边的某人转账 100 美元，然后他们也向他们右边的人转 100 美元，以此类推，直到你的钱转了一圈又回到你的账户。

043 在网上找一个恐怖故事的数据库，然后每个人从这个数据库中摘选内容，相互衔接，共同编造成一个新的恐怖故事。

044 在一个公共场所问路过的人他们有多快乐，并且在谷歌地图上绘制人们有幸福感的地点。

045 在你的社交网站上找到一个朋友，发送消息给他的朋友们，问问他们对你个人是怎么看的。

046 和你的伙伴登录一个星座匹配度测试网站，比较你的匹配度，回答测试问题，看看测试结果是否与你的星座匹配。

047 创建一个图片分享网站账户，并且不惜一切手段获得关注。

048 找出一段有趣的小视频视频，并让它被病毒式地转发。

049 一起合作编造一则"谣言"（合法的），在社交网站上散布它。

050 登录一个视频聊天网站，然后让人在你们的头上放一只鞋，并截屏分享。

051 在文库中找到一些书，仔细阅读，比较它们与普通网站中相同主题的书所含信息的差别。

052 注册一个微博账户，只发布一位指定歌词作者的歌词，然后再注册其他此类账户，照样为你所知道的多位歌词作者发布歌词，你们每人负责一个微博账户，以及负责你选择的其他账户。

053 打开一份 txt 文件，然后在你同伴电脑的个人文件里摘选一些文本内容放进你打开的这份文件，并将这份文件发送给你的朋友。

054 尽情制造网络拥堵，比如让你的学校或办公点的在线论坛拥堵，在你的社交网站上发布一系列空白帖子，给每个你认识的人发送一系列空白电子邮件，打开一系列空白标签，让你能想到的一切网站都进入拥堵状态，然后感受一下给互联网施加作用力是一种怎样的体验。

055 在社交网站上发布一条 200 字以内并可能得罪很多人的帖子。

056 只使用 GIF 动图叙述你的人生故事，可以是长的也可以是短的，你随便叙事，但是要保证重点突出你在人生关键时刻的想法，或者补充更加详细的内容。你可以随意编造，但不要涉及你的工作。

057 拍摄你周边环境的照片，拍完后一秒内使用照片分享软件将照片分享给你的伙伴，你每分钟只发送一张图片，让伙伴猜猜看你现在位于哪里。

058 在社交网站上找到你加的第一位好友，与他交谈。

059 去图书馆找一些正在网上浪费时间的人，问问他们正在做什么，如果他们正在学习，那么问问他们接下来要做什么。

060 在谷歌街景上随便找一个城市的位置，分享给另一个人，看看他要多久才能确定这个位置，思考一下他为了猜出这个位置花这么多时间的原因是什么。

061 大家全部双手横放，用你的左右手分别在你左边和右边伙伴的笔记本电脑上打字，他们的手同时也在你的电脑上打字。尝试为对方电脑进行导航。

062 把一张分享软件上的图片发给你一个伙伴的好朋友，而不是他本人。

063 登录某个人的账户，在他的一个单身朋友的留言墙上对 20 条留言点赞。

064 用旅游网站计划出一次最昂贵奢侈的三天环球旅行。

065 观看一个视频，有意识地误解它，并尽量把你的误解放大。

066 试着通过单击页面上的链接找到从一篇维基百科到另一篇的最短访问路径。

067 使用一个在线生成器随意生成一个词组，然后为这个词组中的每个字母找到以它开头的一首歌，将你找到的这个歌曲结果编成以这个词组命名的播放列表。

068 为你从没去过的旅行写一篇旅行评论，将它贴在网上，然后删除它，默默回想你对这次旅行的记忆。

069 大家挑选出一个人，由这个人选择两种行为规则，将其中一种规则分配给所有人，但是另一种规则只分配给一群人中的某一位成员。此时你要谨言慎行，因为你不知道谁分到了大多数的规则，谁分到了少数规则。然后你们进入一个聊天室，每个人按照分给他们的规则聊天和表现各种行为，看看你们之中获得大多数规则的人是否能够辨别出那位获得少数规则的人，反之亦然，以及你们大家是否能确定每个人的规则。

070 在你的房间里尽量拍摄很多照片，并将这些照片上传到社交媒体上，然后想一些空间摄影的新方法，在别的地方重新拍摄。

071 挑选一类你不经常听或者不爱听的音乐，然后你什么都不做，就听这些音乐，听五分钟，每次挑选的歌曲都必须听完，在你听歌的时候不要碰电脑，五分钟之后写下听歌的感觉/你听歌时的想法，还要写下你这样不做其他事情、只听不喜欢的歌曲是一种什么样的感觉。

072 编造各种理由在支付平台上向 15 个人公开收取 1 分钱—3000 元的费用。

073 和一位伙伴交换手机，用你交换来的这部手机给某些人发送短信，或者做你想在这部手机上做的其他任何事情。

074 大家选择一个人作为"免费开放的源代码"。打个比方说，这个人必须有各种联系方式（社交媒体、电子邮箱、不同的聊天程序，例如 Skype、微信等），然后你们都给这个人发送很多垃圾信息，越多越好，而这个信息接收人必须将每条消息复制粘贴到一份 Word 文件中。

075 把你的社交网站密码发给你的一位伙伴，让他删除你的账户。

076 现在立刻打开视频聊天平台，同时分别与三个人进行交谈。

077 在全班上课期间和好伙伴们用 Skype 聊天，发送视频聊天请求，但是你们整节课上只用文字交谈。

078 在一条拥挤的人行道中间坐下，打开笔记本电脑开始上网。

079 点击一条垃圾广告，努力获得它正在提供的任何优惠："这款苹果手机只要 20 美元"或者"100 美元沃尔玛礼品卡免费拿"。

080 浏览你社交网站上的消息，尽量往后翻，找到你从未回复过的最老的一条消息，然后在这条消息下面回复一条又长又详细的消息，让这条回复消息看起来非常不合理，在这条回复的消息中也不要向别人解释你为什么到现在才回复，也不要为你之前没有回复而道歉。

081 打开你电脑桌面上的一张图片，用多台设备重复拍摄这张图片。你可以尽量让很多人带着照相设备来拍摄，但是在计划这个拍摄过程时，要保证这张图片从第一个屏幕到最后一个屏幕花费的时间最短，你可以在比较适合做这件事的现实空间里配置设备和屏幕。

082 给许多人发送一首歌的歌词，即使他们要求你不要再发送了，你也要继续发送这些歌词。

083 使用电视直播网站，利用里面的电视剧剧情描述你周边的人。

084 在你左边这个人的 Facebook 墙上涂鸦，贴上你能想到的任何东西和你想的每件事，然后随意删除它，直到此人在 Facebook 联系人中的长辈打电话来问他们的孩子到底怎么了。

085 大家一起选择一张非常流行的音乐专辑，在网上找到这张专辑上的每首歌最烂的版本，然后在音乐网站上给这张专辑配一个非常恐怖的封面，让它成为下载质量最差、文件带毒、歌词错误或混音吓人的音乐，然后重新改造为新版专辑。

086 挑选一位你的伙伴，将"我爱你"三个字多次发送到他的社交账户，你可以尽量在特定场所发送。你这位伙伴必须每次都快速地回复一句"我也爱你"，然后你们再用"我讨厌你"这几个字重复这个过程。

087 登录网络聊天室，试着让别人告诉你一个秘密，然后你将这个秘密贴到视频网站上。

088 在网上找到一位有趣的外国人，并用你的社交软件重新为这位外国人编写网上个人简介，然后用他的母语在你的页面中评论 10 个帖子，如果你不熟悉他的语言，那就更好了。可以借助翻译软件。

089 匿名进入一个聊天室，在里面说出许多你所知道的秘密。

090 让你身边的每个人给你发一张他们从未放上网的图片。

091 大家一起玩，每个人都将自己的地址放在大家中间的碗里，然后每个人从中随机挑选一个地址，登录购物网站，给这个人购买一个价格超过 1 美元的礼物。

092 在一个公共场所，用你的手机记录下你能听到的噪声，然后到一个安静的私人场所听刚才的手机录音，并把这些噪声发给你的一个伙伴，问一问他知不知道这个噪声的来源。

093 用谷歌专利搜索器，找到某些你感兴趣的设备的原理图，将它们贴在图片网站上，并在这个帖子的主题标签上写出描述内容。

094 在一群人中选择一个人，记录他在上网时的情绪、表情和情感。

095 在网上找到一小段你喜欢的媒体文件，然后找到最近一个月前网友们讨论它的网址。

096 在你伙伴的手机中删除一张照片，但不告诉他你删除了哪一张。

097 调查你左边这个人的背景，找到有关他的一切详细信息：地址、学校、电子邮箱、爱好、群组、出版物、工作、犯罪记录、家庭成员等，总之要利用一切手段找到这些信息，如果需要，你还可入侵他们的账号，将你搜集的信息保存在一个文件中，将这份文件发给他本人。

098 大家一起在 15 分钟内向亚马逊购物车内添加商品，看看谁购物车内的商品总价最高，在时间截止时总价最高的人获胜，在玩的过程中你购物车里的商品可以随意删除或添加。

099 在你伙伴的计算机中随意删除文件，你不要告诉他你删除的具体文件，然后把你的笔记本电脑给他们，让他们也像你一样，在你的电脑中随意删除文件。

100 创建一个网页，并在上面放满垃圾广告。

101 在社交网站上发布你在互联网上打发时间的各种方式的帖子。

编制人：切斯·哈罗

贡献者：阿伦·切拉克、妮娜·弗伦德、切斯·哈罗、布瑞·杰克逊、梅丽莎·康绰韦茨、贾斯汀·辛、帕克·斯塔科夫、佐伊·斯托勒、帕特里克·德尔瓦力、约翰·维拉和曾菲梅

致 谢

这本书的部分内容来自 Ausgabe、《洛杉矶书评》《纽约客》、Poetry Foundation、Rhizome、Schwa Fire 以及 Wire。此外，这本书还有部分内容来自在以下地点举办的演讲或出版的刊物：瑞士西北应用科学与艺术大学（Fachhochschule Nordwestschweiz FHNW Basel）、Transmediale 艺术节、格拉茨美术馆、Labor 画廊、利物浦双年展、MaMa Zagreb、巴塞罗那当代美术馆、当代艺术博物馆、纽约大学美术学院、Ràdio Web MACBA、罗德岛设计学院博物馆、辛辛那提大学，以及 Wattis Institute。我想在此感谢编辑们和各大机构的支持。

感谢作为我的读者、书评人和人生伴侣的谢丽尔·尼根，没有她就没有这本书。特别感谢我的经纪人保罗·布雷斯尼克以及哈珀柯林斯出版社的编辑巴里·哈博和艾利克·迈耶斯，还有保拉·库珀·休斯，她的见解对我帮助很大。我还要感谢劳拉·贝利斯、维琪·本尼特、克莱尔·毕晓普、宾夕法尼亚大学当代写作课程中心、洛克·吉梅内斯·德·西斯内罗斯、凯瑟琳·多尼根、帕梅拉·埃切维里亚、法朗奇·费伦齐、阿尔·菲尔利斯、亨丽埃·高卢、大卫·哈格隆德、巴勃罗·埃尔格拉、希拉·海蒂、凯蒂·休谟、谢伊·马修、马赛尔·马尔斯、楚·马丁内斯、托米斯拉夫·梅达克、英戈·尼尔曼、皮特·帕克斯兹、卢克雷西亚·帕拉西奥斯、安娜·拉莫斯、明戈·雷诺兹、玛莉索·罗德里格斯、奥古斯汀·佩雷斯·卢比奥、杜布拉芙卡·塞库利奇、阿扬·辛格、丹尼·内尔森、萨莎·韦斯、特里·温特斯和温迪·伍恩。

最后，十分感谢选修了宾夕法尼亚大学英语165课程的学生们，他们测试、挑战、证实并且完善了本书里的许多想法。

序言 让我们一起"沉迷"网络吧

1. http://www.nytimes.com/2015/07/15/opinion/thomas-friedman-obama-makes-his-case-on-iran-nuclear-deal.html, August 17, 2015.

2. http://www.nytimes.com/2015/09/27/opinion/sunday/stopgoogling-letstalk.html,October 12, 2015.

3. http://www.slate.com/blogs/behold/2015/01/09/reinier_gerritsen_photographs_readers_on_the_subway_in_his_series_the_last.html, March 15, 2016.

4. Excerpt from: Marshall McLuhan,*Understanding Media* (NewYork: McGraw-Hill,1965), unpaginated, iBooks.

5. Michael Barbaro and Steve Eder. "Under Oath, Donald Trump Shows His Raw Side." *New York Times*, July 28, 2015. p. A1.

6. McLuhan, *Understanding Media*.

7. Trump is doubly behind. In his depositions, he was asked, "Does your secretary send emails on your behalf?" To which he replied "I don't do the email thing."

8. http://www.nytimes.com/2015/07/12/travel/going-off-thegrid-on-a-swedish-island.html, July 12, 2015.

9. http://www.nytimes.com/2015/07/12/sunday-review/addicted-to-your-phone-theres-help-for-that.html, July 12, 2015.

10. https://thinkingthoughtsdotorg.wordpress.com/2013/05/14/d-w-winnicott-on-transitional-object-and-transitional-space/,July 12, 2015.

11. http://www.ubu.com/aspen/aspen5and6/threeEssays.html#barthes, January 14, 2016.

第1章 社交网络是逃不开的生活方式

1. https://www.english.upenn.edu/courses /undergraduate/2015/spring/engl111.301, January 17, 2016.

2. http://www.theguardian.com/books/booksblog/2011/jun/17/hauntology-critical, December 31, 2015.

第2章 手机让我们变成电子僵尸

1. http://www.washingtonpost.com/business/technology/supreme-court-cellphone-ruling-hints-at-broader-curbs-onsurveillance/2014/06/25/2732b532-fc9b-11e3-8176-f2c-941cf35f1_story.html, October 13, 2015.

2. http://www.poetryfoundation.org/bio/andre-breton, January 17, 2016.

3. Ruth Brandon. Surreal Lives. New York: Grove Press,1999,201.

4. André Breton. *Manifestos of Surrealism*. Ann Arbor: University of Michigan Press, 1969, 12.

5. Michel de Certeau. *The Practice of Everyday Life*. Berkeley:University of California, 1984.

6. Mark Stevens and Annalyn Swan. De Kooning: An American Master. New York: A. A. Knopf, 2004.

7. http://www.adweek.com/socialtimes/social-media-newsfeed-edward-snowden-on-social-media-t witter-isisthreats/206133, October 13, 2015.

8. Elfriede Dreyer and Estelle McDowall. "Imagining the Flâneur as a Woman." COMMUNICATIO 38, no. 1 (2012):30–44.

9. http://www.dada-companion.com/duchamp/archive/duchamp_walking_on_infrathin_ice.pdf, Oct 29, 2015.

10. http://www.sfgate.com/default/article/Q-and-A-With-Brian-Eno-2979740.php, July 25, 2015.

11. While Facebook has invested heavily in the VR company Oculus, it's far from ready for prime time. New York Times reported during the 2016 CES show, "A decade from now, we may well look back on 2016 as the year virtual reality turned the corner from a futuristic novelty into a mainstream possibility." Farhad Manjoo. "On Display at CES, Tech Ideas in Their Awkward Adolescence." New York Times, January 6, 2016, p. B1.

12. http://www.wired.com/2012/04/an-essay-on-the-new-aesthetic/, October 13, 2015.

13. Paul Auster. "Fogg in the Park" in Central Park: An Anthology. Ed. Andrew Blauner. New York: Bloomsbury, 2012, 101–2.

14. http://www.nytimes.com/2015/09/26/nyregion/popefrancis-visits-new-york-city.html, October 29, 2015.

第 3 章 浏览记录是我们新的回忆录

1. Kahn, Douglas, *Noise Water Meat: A History of Sound in the Arts* (Cambridge, The MIT Press, 1990), p. 211.

2. William Burroughs and Brion Gysin. *The Third Mind*. New York: Seaver Books/Viking, 1978, 1.

3. http://op-talk.blogs.nytimes.com/2014/06/30/the-mindfulness-backlash/?_r=0, August 14, 2015.

4. Walter Benjamin. *The Arcades Project*. Cambridge: Harvard University Press, 1999, 462, N2a,3.

5. Raoul Hausmann. "Manifesto of PREsentism" in Manifesto: A Century of ISMs. Ed. Mary Ann Caws. Lincoln: University of Nebraska Press, 2001, p. 164.

6. Walter Benjamin. Selected Writings. Cambridge, Mass.: Belknap Press of Harvard University Press, 2004, 661.

7. https://kasperskycontenthub.com/usa/files/2015/06/Digital-Amnesia-Report.pdf, September 7, 2015.

8. John Armitage. "From Modernism to Hypermoderism and Beyond: An Interview with Paul Virilio." *Theory Culture and Society* 16 (1999): 40.

第 4 章 文件归档是新的民间艺术

1. Deborah Bright. "Shopping the Leftovers: Warhol's Collecting Strategies in *Raid the Icebox*" in *Art History* 24 (2001): 2.

2. Rosalind E. Krauss. *The Originality of the Avant-garde and Other Modernist Myths*. Cambridge, Mass: MIT Press, 1986, 9.

3. http://www.theguardian.com/technology/2014/apr/05/pinterest-interview-ben-silbermann-social-media, January 5,2015.

4. Walter Benjamin. "Unpacking My Library" in *Walter Benjamin: Selected Writings. 1931–1934. Vol. 2. Pt. 2.* Cambridge,Mass.: Belknap Press of Harvard University Press, 2004, 488.

5. http://phys.org/news/2015–07-pinterest-ceo-site-futureideas.html, January 8, 2015.

6. Benjamin, "Unpacking My Library," 487.

7. John Berger. *Ways of Seeing.* London: Penguin Books, 1972, 30.

8. "Hans Ulrich Obrist interviews STEWART BRAND." Undated. Unpublished. E-mailed to author by Obrist, June 15,2015.

9. Benjamin, *Selected Writings*, p. 71.

10. Ann M. Blair. Too Much to Know: Managing Scholarly Information before the Modern Age. New Haven: Yale University Press,2010, 5.

11. Ibid., 5.

12. http://www.slate.com/articles/technology/technology/2013/01/aaron_swartz_jstor_mit_can_honor_the_internet_activist_by_fghting_to_make.html, February 17, 2013.

13. http://www.huffingtonpost.com/2013/02/11/philip-parker-books_n_2648820.html, October 22, 2015.

14. https://en.wikipedia.org/wiki/WikiLeaks, July 22, 2013.

15. https://en.wikipedia.org/wiki/United_States_diplomatic_cables_leak, July 22, 2013.

16. http://blog.foreignpolicy.com/posts /2010/11/28/has_wikileaks_fnally_gone_too_far, July 22, 2013.

17. http://www.newsweek.com/how-much-did-snowden-takenot-even-nsa-really-knows-253940, October 23, 2105.

18. http://www.davidzwirner.com/wp-content/up-loads/2011/10/2009-OK-DZ-press-release.pdf, August 29,2015.

19. http://pirateproxy.ca/torrent/6554331, July 22, 2013.

20. JSTOR eventually made these fles free for public download.

21. Darren Wershler. E-mail to author, February 24, 2013.

22. http://printingtheInternet.tumblr.com/post/54177453547/proposal, September 10, 2013.

23. http://www.change.org/petitions/please-don-t-print-the-Internet, September 10, 2013.

24. http://knowyourmeme.com /memes/events/printing-out-the-Internet, August 30, 2015.

25. Jorge Luis Borges. *Ficciones*. New York: Grove Press, 1962, 15.

26. http://ubu.com/papers/weiner_statements.html, September 17, 2013.

27. http://emerald.tufts.edu/programs/mma/fah188/sol_lewitt/paragraphs%20on%20conceptual%20art.htm, September 17,2013.

28. Ludwig Wittgenstein. *Zettel*. Ed. G. E. M.Anscombe and G. H. von Wright, Berkeley: University of California Press, 1967,sec. 160.

第 5 章　手机内存是我的私人储藏室

1. Deborah Solomon. *Utopia Parkway: The Life and Work of Joseph Cornell*. New York: Farrar, Straus and Giroux, 1997, 359.

2. Lynda Roscoe Hartigan. "Joseph Cornell' s Dance with Duality" in *Joseph Cornell: Shadowplay Eterniday*. New York and London: Thames and Hudson, 2003, 15.

3. Joseph Gelmis. "Andy Warhol" in *I' ll Be Your Mirror*. Ed. Kenneth Goldsmith. New York: Carroll and Graf, 2004, 166.

4. http://quod.lib.umich.edu/cgi/t/text/text-idx? cc=mqr;c=mqr;c=mqr archive;idno=act2080.0048.410;rgn=-main;view=text;xc=1;g=mqrg, September 21, 2015.

5. McLuhan, *Understanding Media*. unpaginated iBooks.

6. https://www.moma.org/learn/moma_learning/1168–2, January 19, 2016.

7. This Preview icon came with the Mac Mavericks OS. In the next OS, Yosemite, the child was removed and the magnifying lens was replaced with what looks like a 35 mm camera lens. In terms of narrative and choices, it still makes very little sense.

8. There has been much online speculation about who "preview kid" actually is and why he is there but no one seems to have come up with an answer.

9. Claire Bishop. "Digital Divide." *Artforum*, September 2010,436.

10. Solomon, *Utopia Parkway*, 244.

11. http://www.nytimes.com/1997/11/16/magazine/the-twohollywoods-harry-knowles-is-always-listening.html?pagewanted=all, August 3, 2015.

12. http://www.hollywoodreporter.com/news/aint-cools-harryknowles-cash-430734, July 23, 2015.

13. Lynda Roscoe Hartigan. *Joseph Cornell: Shadowplay Eterniday*.London: Thames and Hudson, 2003, 25.

14. Only later in his career, when he wanted to generate original footage, Cornell would hire young flmmakers like Larry Jordan or Stan Brakhage as cameramen to shoot it for him.

15. Zalewski, September 6, 2012.

16. Ibid.

17. Jonathan Crary. 24/7: Late Capitalism and the Ends of Sleep. iBooks.

18. Lynda Roscoe Hartigan. Joseph Cornell: Shadowplay Eterniday.London: Thames and Hudson, 2003, 148.

第6章 我拍，故我在

1. http://www.cnbc.com/2015/09/23/instagram-hits-400-million-users-beating-twitter.html, January 19, 2016.

2. E-mail to author, October 12, 2015.

3. http://www.notbored.org/generic.jpg, October 11, 2015.

4. http://www.theguardian.com/artanddesign/photography-blog/2014/jun/13/photoshop-frst-image-jennifer-in-paradise-photography-artefact-knoll-dullaart, August 10, 2015.

5. http://rhizome.org/editorial/2013/sep/5/letter-jennifer-knoll/, August 10, 2015.

6. Susan Sontag, *On Photography*. New York: RosettaBooks,1973/2005, 66.

7. Mel Gussow. *Conversations with Beckett*. New York: Grove Press, 2001, 47.

8. http://jennifer.ps/, October 29, 2015.

9. http://www.theguardian.com/artanddesign/photography-blog/2014/jun/13/photoshop-frst-image-jennifer-in-paradise-photography-artefact-knoll-dullaart, August 10, 2015.

10. http://www.huffing tonpost.com /2015/ 05/27/r ichard-prince-instagram_n_7452634.html, September 19, 2015.

11. https://help.instagram.com/155833707900388, October 29,2015.

12. In December 2015, Prince was sued by the photographer Donald Graham for copyright infringement for reproducing a black-and-white image of a Rasta smoking a joint that Graham had posted on his Instagram, which Prince included in his New Portraits series.

13. Ludwig Wittgenstein. *Philosophy and Language.* London:Routledge, 1972, 304.

14. https://en.wikipedia.org/wiki/Google_Volume_One, January 5, 2016.

15. http://dinakelberman.tumblr.com/, January 5, 2016.

16. http://dinakelberman.tumblr.com/, December 31, 2015.

17. Fred Wilson (med.). "Services: Working-Group Discussions." *October* 80 (Spring 1997): 117–48.

18. http://www.villagevoice.com/2007–02–13/art/critiqueus-interruptus/, viewed November 15, 2011.

第 7 章　压缩格式是我们丢失的财产

1. http://www.wired.com/2012/02/why-neil-young-hates-Mp3-and-what-you-can-do-about-it/, October 11, 2015.

2. Ibid.

3. http://radar.oreilly.com/2009/03/the-sizzling-sound-of-music.html, July 14, 2015.

4. Ibid.

5. http://appleinsider.com/articles/15/02/02/neil-youngs-400-pono-hi-def-music-player-loses-to-apples-iphone-in-blindaudio-test, July 14, 2015.

6. https : //www. facebook. com/ Neil Young /posts/10155765667375317:0, August 8, 2015.

7. Young's "never say never" may, in fact, be drawing to a close with streaming lossless FLAC fles.

8. Lev Manovich. *The Language of New Media.* Cambridge,Mass.: MIT Press, 2002, 47.

9. Although this might be changing with the introduction of the Apple Watch, which as of this writing has yet to catch on in a signifcant way.

10. http://www.nytimes.com/2015/08/04/technology/gifs-gobeyond-emoji-to-express-thoughts-without-words.html?_r=0,October 11, 2015.

11. http://www.nytimes.com/2015/08/04/technology/gifs-gobeyond-emoji-to-express-thoughts-without-words.html, October 11, 2015.

12. https://en.wikipedia.org/wiki/High-defnition_video, January 17, 2016.

13. Hito Steyerl. "In Defense of the Poor Image" in *The Wretched of the Screen*. Berlin: Sternberg Press, 2012, 33.

14. Ibid., 32.

15. http://www.ejumpcut.org/archive/onlinessays/JC20folder/ImperfectCinema.html, July 18, 2015.

16. Steyerl, "In Defense of the Poor Image" p. 42.

17. http://www.e-f lux.com/journal/the-weak-universalism/,July 18, 2015.

18. http://www.foto8.com/live/thomas-ruff-interview/, July 19,2015.

19. http://www.anothermag.com/art-photography/1840/thomas-ruff, July 19, 2015.

第 8 章　140 字是文学创作的新动力

1. http://thejogging.tumblr.com/, September 9, 2015.

2. http://fve.sentenc.es/, August 3, 2015.

3. http://www.poetryfoundation.org/poem-alone/241332?iframe=true, January 20, 2016.

4. It seems inevitable that Facebook will increase its fve thousand friends limit.

5. Félix Fénéon. *Novels in Three Lines*. New York: New York Review of Books, 2007.

6. F. T. Marinetti, Emilio Settimelli, and Bruno Corra. "The Futurist Synthetic Theatre" in Manifesto, ISMs. Ed. Mary Ann Caws. Lincoln: University of Nebraska Press, 2001, 695.

7. https://en.wikipedia.org/wiki/For_sale:_baby_shoes,_never_worn, November 30, 2015.

8. http://www.vice.com/read/working-on-my-novel-cory-arcangel-interview-124, November 30, 2015.

9. http://www.bookforum.com/review/13895, November 30,2015.

10. http://www.newyorker.com/magazine/2012/06/04/blackbox-2, November 30, 2015.

如何不在网上虚度人生

[美] 肯尼思·戈德史密斯 著

刘畅 译

WASTING TIME ON THE INTERNET

by Kenneth Goldsmith

图书在版编目 (CIP) 数据

如何不在网上虚度人生 / (美) 肯尼思·戈德史密斯著；刘畅译 . 一北京：北京联合出版公司 , 2017.9

ISBN 978-7-5596-0712-6

Ⅰ . ①如… Ⅱ . ①肯… ②刘… Ⅲ . ①互联网络－影响－社会生活－通俗读物 Ⅳ . ① C913-49

中国版本图书馆 CIP 数据核字 (2017) 第 169369 号

Copyright © 2016 by Kenneth Goldsmith
Published by arrangement with
Harper Perennial, an imprint of HarperCollins
Publishers
Simplifed Chinese edition©2017
by United Sky (Beijing) New Media Co.,Ltd.
All rights reserved

北京市版权局著作权合同登记号 图字:01-2017-5024 号

选题策划	联合天际
责任编辑	崔保华 管 文
特约编辑	王 微
美术编辑	晓 园
装帧设计	汐 和

未
UnRead
-
思想家

关注未读好书

出 版	北京联合出版公司
	北京市西城区德外大街 83 号楼 9 层 100088
发 行	北京联合天畅发行公司
印 刷	北京慧美印刷有限公司
经 销	新华书店
字 数	150 千字
开 本	889 毫米 × 1194 毫米 1/32 8 印张
版 次	2017 年 9 月第 1 版　2017 年 9 月第 1 次印刷
I S B N	978-7-5596-0712-6
定 价	39.80 元

未读 CLUB
会员服务平台

本书若有质量问题，请与本公司图书销售中心联系调换
电话: (010) 5243 5752　(010) 6424 3832

未经许可，不得以任何方式
复制或抄袭本书部分或全部内容
版权所有，侵权必究